· 100 ·
Ideen
Kühlschranktorten
garant

100 Ideen

Kühlschranktorten

garant

Backen ohne Backen – Kühlschranktorten

Lecker, leicht und schnell backen ist schon immer das Bestreben jeder Hobbyköchin und jedes Hobbykochs. Unsere Kühlschrankkuchen und -torten sind geradezu prädestiniert für dieses Ansinnen und sind ein besonderer Gaumenschmaus für jeden Gast und natürlich auch für Ihre Lieben zuhause.

Aus all den feinen Bröseln – ob aus Keksen oder Waffeln, fertig gebacken Kuchenböden, z. B. aus Mürbeteig, Biskuit oder Rührteig – oder einfach aus Bröseln von Knäckebrot oder Brötchen lassen sich erstklassige Böden herstellen und der Erfolg wird Ihnen gewiss sein. Brösel- oder Krümelböden, wie der Fachmann sie nennt, werden auf zwei unterschiedliche Arten hergestellt. Zum einen werden diese Böden auf kaltem Wege angerührt, mit Butter oder Margarine und/oder Schokolade und Sahne oder die Brösel bzw. Krümel werden einfach mitgebacken. Für gebackene Brösel- oder Krümelböden eignen sich vor allem die Grundrezepte von Mürbeteig, Rührteig und Hefeteig. Hier lassen sich die verschiedenen Brösel besonders gut einarbeiten. Mürbe Kekse wie Butter-, Schoko-, Gewürz- oder Nusskekse sind leicht zu verarbeiten. Waffeln mit Zitronen-, Orangen- oder Schokoladengeschmack stellen ebenfalls eine willkommene Abwechslung dar. Ein Renner werden Ihre Böden auch, wenn Sie die verschiedenen Sorten der Cornflakes verwenden. Hier gibt es allerlei köstliche Mischungen mit Nüssen, Trockenfrüchten und Schokolade. Ganz besonders feine Ergebnisse erzielen Sie mit den verschiedenen Körnermischungen.

Bei der Herstellung sollten Sie darauf achten, dass die Zutaten möglichst gleiche Temperatur haben. Sie sollten alle etwa ½ Stunde vor der Verarbeitung aus dem Kühlschrank genommen werden. Gerade das Fett, das Sie verwenden – Butter oder gute Margarine – sollte weich und geschmeidig sein, damit Sie es auch schnell mit den anderen Zutaten verrühren können. Die Masse sollte nach dem Zusammenrühren noch nicht fest sein, damit Sie diese gut in der Form verteilen können. Drücken Sie die Bröselmasse mit einem Löffel in die Form und versuchen Sie einen möglichst gleich hohen Tortenboden zu bekommen. So wird dann auch die Torte beim Anschneiden ein Augenschmaus. Es ist ratsam, bei der Herstellung der Böden einen Tortenring zu verwenden. Falls Sie einen solchen nicht besitzen, können Sie auf eine Springform zurückgreifen. Auch diese sollte immer mit einem neutralen Öl bestrichen und mit Backpapier ausgelegt werden, damit Sie die fertigen Kuchen und Torten zum Servieren gut aus den Formen bekommen und anrichten können.

Wir haben für Sie eine Vielzahl an herrlichen Rezepten gesammelt und möchten sie Ihnen in diesem Backbuch vorstellen. Ganz bestimmt werden viele der Kuchen oder Torten bald zu Ihren Lieblingsrezepten gehören. Lassen Sie sich von den wunderschönen Bildern inspirieren und „backen" Sie nach Herzenslust schnelle Köstlichkeiten für jeden Anlass.

Viel Freude beim Aussuchen der Rezepte, beim Einkauf, beim Zubereiten und Verzieren und vor allem viel Spaß beim Genießen.

Ihre Redaktion.

Kühlschranktorten – leicht und lecker

Waldbeerenstern
Seite 34

Zimttorte mit Anis
Seite 60

Capritorte
Seite 80

Backen mit Bröseln und Krümeln, das ist der große Hit nicht nur bei Backanfängern, sondern auch bei „Backprofis". Mit knusprigen Brösel- und Krümelböden gelingen Kuchen und Torten ohne großen Aufwand und ohne Küchenmaschine. Wir wollen Ihnen noch mehr Tipps und Tricks für dieses Backen verraten.

Fertige Kuchen und Böden

Napf- und Kastenkuchen, Stollen oder Hefezöpfe, aber auch die „Wiener Böden" sind in jedem Supermarkt oder auch beim Bäcker erhältlich. Diese schon fertig gebackenen Kuchen und Böden lassen sich schnell und unkompliziert zu Bröseln verarbeiten. Verwenden Sie hierfür ganz einfach eine grobe Reibe oder einen Spätzlehobel. Wer beides nicht hat, der kann die Brösel auch auf einem Holzbrett mit einem Messer oder einem Wiegemesser fein hacken. Mürbe, trockene Waffeln und Kekse gibt man in einen festen Plastikbeutel und zerdrückt sie mit einem Ausrollholz (Nudelholz) oder zerquetscht sie mit einem Küchenbeil.

Wer ein Gefriergerät besitzt, der kann Tortenböden auf Vorrat backen. Biskuit und Mürbeteig eignen sich besonders gut zum Tiefkühlen. Diese Böden sind schnell aufgetaut und können mit Cremes und Obst in immer neuen Variationen gefüllt oder belegt werden. Törtchen oder Tarteletts lassen sich ebenso einfach herstellen und warten im Gefriergerät auf ihren Einsatz.

Saisonbedingt gibt es gerade nach Weihnachten oder Ostern immer wieder übrig gebliebenes Gebäck, das sich vorzüglich für unsere Brösel- und Krümelböden eignet und gut verarbeitet werden kann. Nutzen Sie auch das reiche Angebot im Handel, hier gibt es dann günstige Plätzchen, Stollen, Kuchen oder Osterlämmchen. So wird Ihr Kuchen nicht nur zum Gaumenschmaus, sondern auch zum Preisknüller.

Mit einem Grundvorrat an Zutaten können Sie jederzeit problemlos köstliche Kuchen, Torten, aber auch Kleingebäck in kürzester Zeit herstellen und die Familie oder Ihre Gäste überraschen. Sicher haben Sie immer einen kleinen Vorrat an Gebäck, Keksen oder Waffeln im Haus. Wer aber öfter überraschend Besuch bekommt, der sollte sich doch einen größeren Vorrat an fertig gebackenen Böden in die Tiefkühltruhe legen. In der Mikrowelle sind diese Böden dann schnell aufgetaut und können „zerbröselt" werden. Wir wollen Ihnen einige Rezepte vorstellen, die Sie auf Vorrat herstellen können.

Kühlschranktorten – leicht und lecker

Biskuit – der Feine für die Bröselböden

Biskuitböden, die so genannten „Wiener Böden", sind ideal als Hauptbestandteil von luftigen Torten und Obstkuchen. Sie sind im Supermarkt und beim Bäcker jederzeit erhältlich. Ob Sie dunkle oder helle Böden verwenden, bleibt Ihrem persönlichen Geschmack überlassen. Neben den Wiener Böden finden Sie auch fertig gebackene Obstkuchenböden oder Biskuittörtchen, aus denen Sie im Nu unsere Bröselböden für den Kaffeeklatsch zaubern. Aus einem hohen Biskuit lassen sich 2–3 dünne Böden schneiden. Einzeln in Klarsichtfolie verpackt können sie einige Wochen im Gefriergerät aufbewahrt werden. Bei Bedarf werden die Böden bei Zimmertemperatur oder in der Mikrowelle aufgetaut und stehen so zur weiteren Verarbeitung schnell bereit.

Die Herstellung eines lockeren Biskuitbodens ist nicht schwer, wenn einige Grundregeln beachtet werden. Die Biskuitmasse besteht aus Eiern, Zucker, Mehl und viel Luft als Lockerungs- und Treibmittel. Die Luft wird beim Schlagen in winzigen Bläschen untergearbeitet, dadurch erhält die Masse ihr schaumiges Volumen. Beim Backen dehnt sich die Luft zusätzlich aus und schiebt damit den „Teig" in die Höhe. Sie sollten immer frische Eier verwenden, die kühl gelagert waren. In vielen Rezepten werden die Eier getrennt und das steif geschlagene Eiweiß ganz zum Schluss untergehoben. Beim Trennen der Eier müssen Sie darauf achten, dass keine noch so geringe Menge Eigelb zum Eiweiß gerät, denn das im Eigelb enthaltene Fett lässt das Eiweiß nicht schnittfest werden. Unkomplizierter, aber genau so locker gelingt der Biskuit, wenn Sie die ganzen Eier verwenden und diese mit dem Zucker mit dem Elektroquirl auf höchster Stufe sehr schaumig schlagen. Zum Einfrieren werden die einzelnen Lagen nach dem Erkalten in Klarsicht- oder Alufolie verpackt.

Grundrezept für einen Biskuitboden

3 Eier, 150 g Zucker, 1 Päckchen Vanillezucker, 3 EL Wasser, 75 g Mehl, 75 g Speisestärke, 2 TL Backpulver

Die Eier mit dem Zucker, dem Vanillezucker und dem Wasser sehr schaumig schlagen. Das Mehl mit der Speisestärke und dem Backpulver vermischen, auf den Eischaum sieben und mit dem Schneebesen unterheben. Den Teig in eine mit Backpapier ausgelegte Springform (26 cm Ø) füllen, glatt streichen und in dem auf 180 °C vorgeheizten Backofen ca. 25 Minuten backen. Nach Ende der Backzeit den Biskuit aus dem Ofen nehmen, aus der Form lösen, das Backpapier vorsichtig abziehen und den Biskuit auf einem Kuchengitter vollständig erkalten lassen.

Schwarzwälder Krümeltorte
Seite 86

Mango-Frischkäse-Torte
Seite 108

Himbeer-Schmand-Torte
Seite 124

Kühlschranktorten – leicht und lecker

Lycheetorte
Seite 132

Stracciatella-Erdbeer-Kuchen
Seite 140

Knuspriger Mürbeteig

Mehl, Fett, Zucker und ein Ei sind die Grundzutaten für einen Mürbeteigboden, der sich als Unterlage für Obst oder Cremes bestens eignet. Mürbeteig lässt sich sehr gut auf Vorrat backen, er kann in Folie verpackt einige Tage gelagert oder aber tiefgekühlt werden. Mit Mürbeteigböden haben Sie immer eine Reserve im Haus, wenn Sie unerwartet Besuch bekommen oder selbst Lust auf einen leckeren Kuchen haben. Die Zubereitung ist einfach, Sie müssen nur darauf achten, dass die Zutaten bei der Verarbeitung kalt sind, dass Sie mit kalten Händen kneten und rasch arbeiten. Nach dem Kneten muss der Mürbeteig mindestens eine Stunde ruhen. Dazu wird er in Klarsichtfolie gewickelt und in den Kühlschrank gelegt.

Grundrezept für Mürbeteig

225 g Mehl, 1 Eigelb, 1 Prise Salz, 75 g Zucker,
abgeriebene Schale von ½ Zitrone, 150 g kalte Butter

Das Mehl mit dem Salz auf eine Arbeitsfläche sieben, eine Mulde eindrücken und das Eigelb hineingeben. Den Zucker und die Zitronenschale darüberstreuen und die Butter in Flöckchen auf das Mehl setzen. Die Zutaten mit bemehlten Händen von außen nach innen schnell zu einem glatten, kompakten Teig verkneten. Den Teig in Klarsichtfolie wickeln und mindestens eine Stunde im Kühlschrank ruhen lassen. Anschließend den Teig auf einer bemehlten Arbeitsfläche nochmals durchkneten, in der Größe einer Springform ausrollen und in die mit Backpapier ausgelegte Form legen. Den Mürbeteig mit einer Gabel mehrmals einstechen, damit beim Backen keine Luftblasen entstehen. Den Mürbeteig im auf 180 °C vorgeheizten Backofen ca. 20 Minuten backen, herausnehmen und auf einem Kuchengitter vollständig erkalten lassen.

Hefeteig – leicht gemacht

Die Zubereitung eines Hefeteiges ist nicht so kompliziert, wie viele meinen. Man muss nur einige Grundregeln beachten, um der Hefe die nötigen Lebensbedingungen zu schaffen. Am besten entwickelt sich die Hefe bei einer Temperatur von 35–37 °C, also bei Körpertemperatur. Deshalb sollten alle Zutaten leicht erwärmt werden. Das Mehl wird in eine große Schüssel gesiebt, um möglichst viel Luft unterzumischen, dann drückt man eine Mulde in die Mitte und gibt die zerbröckelte Frischhefe hinein. Nun kommen die lauwarme Flüssigkeit und der Zucker dazu. Das Ganze wird mit etwas Mehl vermischt und muss an einem warmen Ort 15 Minuten zugedeckt gehen. Sobald der Vorteig doppelt so groß geworden ist, vermischt man ihn mit dem Mehl und gibt dann die restlichen Zutaten dazu. Fett, Salz und Eigelb hemmen die Tei-

Kühlschranktorten – leicht und lecker

lung der Hefezellen und dürfen deshalb nie direkt mit dem Vorteig in Berührung kommen. Sind alle Zutaten vermengt, benötigt der Teig Sauerstoff. Deshalb wird er zuerst kräftig geknetet und dann mit einem Kochlöffel oder mit der Hand geschlagen, bis er Blasen wirft. Beim Schlagen wird der Teig elastisch. „Leichte" Hefeteige können auch mit den Knethaken des elektrischen Rührgerätes oder in der Küchenmaschine „geknetet" werden. Anschließend wird der Teig mit einem sauberen Küchentuch abgedeckt und muss nochmals an einem warmen, zugluftfreien Ort gehen, bis er sein Volumen verdoppelt hat. Nun drückt man ihn zusammen, damit die entstandenen Gase entweichen können, formt ihn und lässt ihn bis zum Backen ein letztes Mal gehen.

Grundrezept „Hefeteig"

¼ l lauwarme Milch, 1–2 EL Zucker, 1 Würfel Hefe, 600 g Mehl, 100 g Zucker, 1 Prise Salz, 1 EL abgeriebene Zitronenschale, 125 g Butter oder Margarine

Die Milch mit dem Zucker handwarm erhitzen. Die Hefe in die Milch bröckeln, verrühren und 10–15 Minuten an einem warmen Ort gehen lassen. Das Mehl in eine Schüssel sieben. Mit dem Zucker, dem Salz und der Zitronenschale vermischen und eine Mulde eindrücken. Die Butter oder Margarine in Flöckchen daraufsetzen, die Hefemilch dazugeben und alles mit dem Kochlöffel zu einem glatten Teig verarbeiten. Den Teig mit dem Kochlöffel so lange schlagen, bis er Blasen wirft. Mit einem sauberen Küchentuch abdecken und an einem warmen Ort 30 Minuten gehen lassen. Den Teig erneut kräftig durchschlagen, nochmals 15–20 Minuten gehen lassen, auf einer bemehlten Arbeitsfläche durchkneten und zur weiteren Verarbeitung bereitstellen.

Sahne-Brösel-Torte mit Kirschen und Pfirsichen
Seite 156

Kirsch-Kaffee-Torte
Seite 166

100 Ideen

Kühlschranktorten

Erdbeer-Johannisbeer-Torte

ZUTATEN

2 Lagen Wiener Boden, hell (26 cm Ø, Fertigprodukt)
100 g Johannisbeergelee

Für die Creme:
100 g Johannisbeeren
100 g Erdbeeren
75 g Zucker
Saft von ½ Zitrone
9 Blatt weiße Gelatine
300 g Erdbeerjoghurt
600 ml Sahne

Außerdem:
200 ml Sahne
1 Päckchen Sahnesteif
Zucker nach Geschmack
gemahlene Pistazien, Erdbeeren und Johannisbeeren zum Garnieren

Tipp:

Die meisten Wiener Böden haben einen Durchmesser von 28 cm, es ist aber kein Problem, sie zuzuschneiden. Man legt einfach einen Springformrand in der gewünschten Größe darauf und sticht den Boden damit aus oder man schneidet mit einem spitzen Messer außen herum.

Pro Portionen:
Für ca. 12–14 Stücke:

Schwierigkeit:
mittel

Zubereitungszeit:
20 Minuten
ohne Wartezeit

ZUBEREITUNG

1. Die Wiener Böden mit dem Johannisbeergelee bestreichen. Einen Boden auf eine Tortenplatte legen und mit einem Tortenring umschließen.

2. Die Johannisbeeren und die Erdbeeren verlesen, waschen, abtropfen lassen, die Erdbeeren in Stücke schneiden.

3. Die Früchte mit dem Zucker und dem Zitronensaft erwärmen, pürieren und die gewässerte, ausgedrückte Gelatine darin auflösen.

4. Den Erdbeerjoghurt unter das Fruchtpüree rühren und die geschlagene Sahne vorsichtig unterheben.

5. Die Hälfte der Creme auf dem Biskuit glatt streichen, mit dem zweiten Boden, die bestrichene Seite nach unten, abdecken und die restliche Creme darauf verstreichen.

6. Die Creme im Kühlschrank fest werden lassen. Anschließend den Tortenring entfernen.

7. Die Sahne mit dem Sahnesteif steif schlagen, mit Zucker nach Geschmack süßen, den Tortenrand damit bestreichen, die restliche Sahne auf die Torte dressieren.

8. Die Erdbeer-Johannisbeer-Torte mit gemahlenen Pistazien bestreuen, mit Erdbeeren und Johannisbeeren garnieren und bis zum Verzehr kühl aufbewahren.

Biskuit

Biskuitböden, die so genannten „Wiener Böden", sind ideal als Hauptbestandteil von luftigen Torten und Obstkuchen. Sie sind im Supermarkt und beim Bäcker jederzeit erhältlich. Diese Biskuitböden sind bereits zweimal durchgeschnitten, die einzelnen Lagen lassen sich leicht abnehmen und auch separat verwenden. Ob Sie dunkle oder helle Böden verwenden, bleibt Ihrem persönlichen Geschmack überlassen.

Spekulatiustorte mit Himbeeren

ZUTATEN

Für den Bröselboden:
250 g Spekulatius
150 g Butter

Für die Creme:
250 ml Milch
½ Päckchen Puddingpulver mit Himbeergeschmack
150 g gemischte Beeren (TK-Produkt)
75 g Zucker
½ TL Zimt
2 cl Himbeergeist
8 Blatt weiße Gelatine
150 g Himbeerjoghurt
250 g Frischkäse
200 ml Sahne

Außerdem:
200 ml Sahne
1 Päckchen Sahnesteif
Zucker nach Geschmack
Beeren und Pistazien zum Garnieren
Puderzucker zum Bestäuben

ZUBEREITUNG

1. Die Spekulatius fein zerdrücken und mit der Butter verkneten.

2. Einen Tortenring (26 cm Ø) auf eine mit Backpapier belegte Tortenplatte stellen, den Bröselteig hineindrücken und im Kühlschrank fest werden lassen.

3. Aus der Milch und dem Puddingpulver einen Pudding kochen und unter ständigem Rühren erkalten lassen.

4. Die Beeren mit dem Zucker und dem Zimt in einem Topf erhitzen. Den Himbeergeist einrühren, vom Herd nehmen, leicht abkühlen lassen, die gut gewässerte, ausgedrückte Gelatine einrühren und auflösen.

5. Den Himbeerjoghurt und den Frischkäse einrühren und die steif geschlagene Sahne unterheben.

6. Die Beerencreme auf den Bröselboden streichen und im Kühlschrank fest werden lassen. Die Torte herausnehmen, das Backpapier vorsichtig nach vorne herausziehen und den Tortenring entfernen.

7. Die Sahne mit dem Sahnesteif steif schlagen, mit Zucker nach Geschmack süßen und auf die Torte dressieren. Mit Beeren und Pistazien garnieren, mit Puderzucker bestäuben und die Spekulatiustorte servieren.

Variation:
Statt der Himbeeren können Sie auch frische Erdbeeren verwenden.

Pro Portionen:
Für ca. 12–14 Stücke:

Schwierigkeit:
leicht

Zubereitungszeit:
25 Minuten
ohne Wartezeit

Superleicht und köstlich – Bröselböden:
Der Renner sind die superschnellen und kinderleicht herzustellenden Bröselböden, die aus fein gemahlenen, zerbröselten oder zerdrückten Löffelbiskuits, Butterkeksen, Cornflakes, Mürbeteigplätzchen oder Zwieback, Zucker und sehr weicher Butter geknetet werden. Man kann den Bröselteig nach Belieben mit Gewürzen, gemahlenen Nüssen oder Schokolade nach Herzenslust verfeinern oder abwandeln.

Joghurttraumtorte mit Aprikosen

ZUTATEN

Für den Bröselboden:
Öl für die Form
250 g Zwieback
150 g sehr weiche Butter
1 Dose Aprikosen (480 g Abtropfgewicht)

Für die Creme:
Saft von 1 Orange
50 g Zucker
Saft von ½ Zitrone
8 Blatt weiße Gelatine
500 g Naturjoghurt
400 ml Sahne

Außerdem:
250 ml Orangensaft
3 Blatt weiße Gelatine
25 g dunkle Kuvertüre
20 g Mandelblättchen zum Bestreuen

Variation:
Statt der Aprikosen können Sie auch sehr gut Pfirsich- oder Birnenhäften aus der Dose verwenden.

ZUBEREITUNG

1. Einen Tortenring (26 cm Ø) mit Öl bestreichen und auf eine mit Backpapier belegte Tortenplatte stellen.

2. Die Zwiebäcke fein mahlen, mit der weichen Butter zu einem Bröselteig verkneten und diesen fest in die Form drücken.

3. Die Aprikosen gut abtropfen lassen. Vier Aprikosenhälften zum Garnieren beiseitelegen, die restlichen Aprikosen auf dem Bröselboden verteilen.

4. Den Orangensaft mit dem Zucker und dem Zitronensaft erwärmen. Die gewässerte, ausgedrückte Gelatine darin auflösen, den Naturjoghurt unterrühren und die steif geschlagene Sahne unterheben.

5. Die Creme auf den Aprikosen glatt streichen, etwas Creme in einen Spritzbeutel mit Lochtülle füllen. Die Torte im Kühlschrank fest werden lassen.

6. Den Orangensaft erwärmen und die gewässerte, ausgedrückte Gelatine darin auflösen. Den Guss auf der Torte verteilen und fest werden lassen.

7. Anschließend das Backpapier vorsichtig entfernen und den Tortenring abnehmen.

8. Die in Spalten geschnittenen Aprikosenhälften als Blüten auf die Torte legen, die Creme in die Blütenmitte spritzen.

9. Die Kuvertüre im Wasserbad schmelzen, in einen kleinen Spritzbeutel füllen, Kreise auf die Aprikosenblüten spritzen und trocknen lassen.

10. Die Joghurttraumtorte am Rand mit Mandelblättchen bestreuen und servieren.

Pro Portionen:
Für ca. 12–14 Stücke:

Schwierigkeit:
leicht

Zubereitungszeit:
25 Minuten
ohne Wartezeit

Pistazien-Marzipan-Torte

ZUTATEN

Für den Bröselboden:
Öl für die Form
250 g Löffelbiskuits
150 g sehr weiche Butter

Für die Creme:
50 ml Waldmeistersirup
Saft von 1 Zitrone
7 Blatt weiße Gelatine
500 g Naturjoghurt
400 ml Sahne
50 g gemahlene Pistazien

Außerdem:
100 g Marzipanrohmasse
2 TL Puderzucker
grüne Speisefarbe
50 g weiße Kuvertüre
200 ml Sahne
1 Päckchen Sahnesteif
Zucker nach Geschmack
gehackte Pistazien zum Bestreuen

Tipp:
Wenn Sie es einfacher haben möchten, so können Sie eine fertige Marzipandecke kaufen. Sie finden Sie in den Backabteilungen gut sortierter Supermärkte.

Pro Portionen:
Für ca. 12–14 Stücke:

Schwierigkeit:
mittel

Zubereitungszeit:
30 Minuten
ohne Wartezeit

ZUBEREITUNG

1. Einen Tortenring (26 cm Ø) mit Öl bestreichen und auf eine mit Backpapier belegte Tortenplatte stellen.

2. Die Löffelbiskuits fein mahlen, mit der weichen Butter zu einem Bröselteig verarbeiten und diesen fest in die Form drücken.

3. Für die Creme den Waldmeistersirup mit dem Zitronensaft erwärmen und die gewässerte, ausgedrückte Gelatine darin auflösen. Den Naturjoghurt unterrühren, die steif geschlagene Sahne unterheben.

4. Die Creme halbieren, die gemahlenen Pistazien unter eine Hälfte heben und diese wellenartig auf dem Bröselboden verteilen. Die restliche Creme darauf glatt streichen und im Kühlschrank fest werden lassen.

5. Anschließend das Backpapier vorsichtig entfernen und den Tortenring abnehmen.

6. Die Marzipanrohmasse mit dem gesiebten Puderzucker verkneten, mit einigen Tropfen Speisefarbe grün färben, in der Größe der Torte ausrollen und auf die Torte legen.

7. Die weiße Kuvertüre im Wasserbad schmelzen lassen, in einen kleinen Spritzbeutel füllen, Linien auf die Torte spritzen und trocknen lassen.

8. Die Sahne mit dem Sahnesteif steif schlagen, mit Zucker nach Geschmack süßen, in einen Spritzbeutel mit Lochtülle füllen und Tupfen an den Tortenrand spritzen. Die Torte mit gehackten Pistazien bestreuen und bis zum Verzehr kühl aufbewahren.

Russische Schokotorte

ZUTATEN

Für den Bröselboden:
Öl für die Form
250 g Russisch Brot
150 g sehr weiche Butter

Außerdem:
100 ml Milch, 1 EL Instantkaffee
1 EL Kakaopulver, 50 g Zucker
2 cl Wodka
7 Blatt weiße Gelatine
500 g Schokoladenjoghurt
400 ml Sahne
100 g Russisch Brot
Puderzucker zum Bestäuben

Pro Portionen:
Für ca. 12–14 Stücke:

Schwierigkeit:
leicht

Zubereitungszeit:
25 Minuten
ohne Wartezeit

ZUBEREITUNG

1. Einen Tortenring (26 cm Ø) mit Öl bestreichen und auf eine mit Backpapier belegte Tortenplatte stellen.

2. Das Russisch Brot fein mahlen, mit der weichen Butter zu einem Bröselteig verkneten, diesen in die Form geben und fest andrücken.

3. Für die Creme die Milch mit dem Instantkaffee, dem Kakaopulver und dem Zucker erwärmen. Den Wodka einrühren und die gewässerte, ausgedrückte Gelatine darin auflösen.

4. Den Schokoladenjoghurt unterrühren, die steif geschlagene Sahne unterheben und die Creme auf dem Bröselboden glatt streichen.

5. Die Creme im Kühlschrank fest werden lassen, anschließend das Backpapier entfernen und den Tortenring abnehmen.

6. Den Tortenrand mit dem Russisch Brot belegen, die Torte mit Puderzucker bestäuben und servieren.

Cremige Erdbeertorte

(ohne Abbildung)

ZUTATEN

250 g Löffelbiskuits
150 g sehr weiche Butter
10 g Speiseöl für die Form
Backpapier für die Tortenplatte
50 ml Kokoslikör
Saft von 1 Zitrone, 50 g Zucker
6 Blatt weiße Gelatine
300 g Naturjoghurt
400 ml Sahne
750 g Erdbeeren
1 Päckchen Tortenguss klar

Pro Portionen:
Für ca. 12–14 Stücke:

Schwierigkeit:
leicht

Zubereitungszeit:
25 Minuten
ohne Wartezeit

ZUBEREITUNG

1. Die Löffelbiskuits fein mahlen und mit der Butter verkneten. Einen Tortenring (26 cm Durchmesser) innen mit Öl bestreichen und auf eine mit Backpapier belegte Tortenplatte stellen. Die Bröselmasse fest in die Form drücken.

2. Für die Creme den Kokoslikör mit dem Zitronensaft und dem Zucker erwärmen. Die gewässerte, ausgedrückte Gelatine darin auflösen.

3. Den Naturjoghurt unterrühren, die Sahne steif schlagen und unterheben. Die Creme auf dem Bröselboden glatt streichen und im Kühlschrank fest werden lassen.

4. Die Erdbeeren verlesen, waschen, trocken tupfen, halbieren und die Torte damit belegen. Den Tortenguss nach Packungsanweisung zubereiten, die Erdbeeren damit überziehen und den Guss fest werden lassen.

5. Den Tortenring entfernen und die cremige Erdbeertorte bis zum Verzehr kühl stellen.

Crème-de-Cassis-Torte

ZUTATEN

Für den Bröselboden:
Öl für die Form
250 g Haselnusswaffeln
150 g sehr weiche Butter

Für die Creme:
150 ml schwarzer Johannisbeersaft
50 g Zucker
8 Blatt weiße Gelatine
500 g Vanillejoghurt
400 ml Sahne
200 g schwarze Johannisbeeren

Außerdem:
1 Päckchen Tortenguss rot
75 g Haselnusswaffeln
100 g rote Johannisbeeren
Puderzucker zum Bestäuben

ZUBEREITUNG

1. Einen Tortenring (26 cm Ø) mit Öl bestreichen und auf eine mit Backpapier belegte Tortenplatte stellen.

2. Die Haselnusswaffeln fein mahlen, mit der weichen Butter zu einem Bröselteig verkneten und diesen fest in die Form drücken.

3. Für die Creme den Johannisbeersaft mit dem Zucker erwärmen, die gewässerte, ausgedrückte Gelatine darin auflösen und den Vanillejoghurt unterrühren.

4. Die steif geschlagene Sahne und die verlesenen, gewaschenen und gut abgetropften Johannisbeeren unterheben.

5. Die Creme auf dem Bröselboden glatt streichen und im Kühlschrank fest werden lassen.

6. Den Tortenguss nach Packungsanweisung zubereiten, auf die Torte gießen und erstarren lassen. Anschließend das Backpapier vorsichtig entfernen und den Tortenring abnehmen.

7. Die Haselnusswaffeln in Dreiecke schneiden und auf die Torte legen. Die Johannisbeeren mit Puderzucker bestäuben, die Crème-de-Cassis-Torte damit garnieren und servieren.

Johannisbeeren:

Johannisbeeren sind wahre Gesundheitsspender. Sie reinigen das Blut und regen Herz und Kreislauf positiv an. Dazu gibt es eine Fülle von Mineralien und Vitaminen, die Infektionskrankheiten bekämpfen und das Immunsystem stärken. Für unsere Torte können Sie auch die weißen oder roten Beeren verwenden.

Küchenwaage:

Die Küchenwaage ist unentbehrlich für das genaue Abwiegen der Zutaten und somit für das Gelingen des Kuchens. Sie sollte auf 5 g genau wiegen. Gängige Geräte wiegen bis 5 kg, ältere Modelle bis 10 kg. Sie müssen aber immer wieder neu eingestellt werden. Moderne Digitalwaagen zeigen das Gewicht automatisch an, besonders praktisch sind Waagen, bei denen man die einzelnen Zutaten zuwiegen kann. Das heißt, man stellt eine Schüssel auf die Waage, stellt die Skala auf „0" und fügt alle Zutaten hinzu, die man braucht. Wer in seiner Küche wenig Stellfläche hat, dem raten wir zum Kauf einer Waage, die an der Wand befestigt wird.

Pro Portionen:
Für ca. 12–14 Stücke:

Schwierigkeit:
mittel

Zubereitungszeit:
30 Minuten
ohne Wartezeit

Leichte Kühlschranktorte

ZUTATEN

200 g Zwieback
125 g weiche Butter

Für die Creme:
500 g Naturjoghurt
Saft von 1 Orange oder 50 ml Vitaminsaft
50 g Zucker
1 Päckchen Vanillezucker
8 Blatt weiße Gelatine
400 ml Sahne

Außerdem:
300 ml Vitaminsaft
3 Blatt weiße Gelatine
gemischtes Obst zum Belegen (Himbeeren, Pflaumen, Nektarinen)
Puderzucker zum Bestäuben
frische Minze zum Garnieren

ZUBEREITUNG

1. Die Zwiebackscheiben in einen Gefrierbeutel geben und mit dem Nudelholz zerdrücken. In einer Schüssel mit der weichen Butter gut verkneten. Einen Tortenring auf eine mit Backpapier belegte Tortenplatte stellen und die Bröselmasse hineindrücken.

2. Den Naturjoghurt mit dem Orangen- oder Vitaminsaft, dem Zucker und dem Vanillezucker verrühren. Die gut gewässerte Gelatine ausdrücken, in wenig warmem Wasser auflösen und unter den Joghurt ziehen. Die Sahne steif schlagen und unterheben.

3. Die Creme auf den Bröselboden streichen, dabei oben ½ cm Rand frei lassen. Die Torte im Kühlschrank, am besten über Nacht, durchkühlen lassen. Das Backpapier nach vorne unter dem Tortenring herausziehen.

4. Den Vitaminsaft in einem Topf erwärmen, die gewässerte Gelatine ausdrücken und darin auflösen. Den Saft abkühlen lassen, auf die Creme gießen und im Kühlschrank fest werden lassen. Anschließend den Tortenring entfernen.

5. Die Kühlschranktorte mit dem Obst belegen, mit Puderzucker bestäuben, mit Minze garnieren und servieren.

Pro Portionen:
Für ca. 12–14 Stücke:

Schwierigkeit:
leicht

Zubereitungszeit:
30 Minuten
ohne Wartezeit

Schokosplit-Kuchen mit Erdbeeren

(ohne Abbildung)

ZUTATEN

2 Lagen Wiener Boden, hell (26 cm Ø, Fertigprodukt)
200 g Joghurt, 75 g Zucker
150 g Erdbeeren
6–7 Blatt weiße Gelatine
400 ml Sahne
25 g Schokosplitter
500–750 g Erdbeeren
1 Päckchen Tortenguss klar
Schokostreusel zum Garnieren

ZUBEREITUNG

1. Die Wiener Böden mit dem Johannisbeergelee bestreichen. Einen Boden auf eine Tortenplatte legen und mit einem Tortenring umschließen.

2. Für die Creme den Joghurt mit dem Zucker in einer Schüssel solange rühren, bis sich der Zucker vollständig aufgelöst hat.

3. Die Erdbeeren verlesen, waschen, trocken tupfen, im Mixer oder mit dem Pürierstab pürieren und in einem Topf leicht erwärmen. Die gewässerte, ausgedrückte Gelatine im Erdbeerpüree auflösen, vom Herd nehmen und erkalten lassen. Kurz vor dem Festwerden das Erdbeerpüree unter den Joghurt ziehen. Die geschlagene Sahne und die Schokosplitter unterheben.

4. Die Hälfte der Erdbeercreme auf dem Boden verstreichen, mit dem zweiten Boden abdecken und mit der restlichen Creme überziehen. Im Kühlschrank fest werden lassen.

5. Die Erdbeeren verlesen, waschen, trocken tupfen und halbieren. Mit einem scharfen Messer so in dünne Scheiben schneiden, dass sie am Stielende noch zusammenhalten.

6. Die Erdbeeren dekorativ auf die Torte legen. Den Tortenguss nach Packungsanweisung zubereiten, über die Erdbeeren gießen und den Guss fest werden lassen.

7. Den Tortenring entfernen, den Erdbeer-Schokosplit-Kuchen mit Schokostreuseln verzieren und bis zum Verzehr kühl aufbewahren.

Pro Portionen:
Für ca. 12–14 Stücke:

Schwierigkeit:
mittel

Zubereitungszeit:
25 Minuten ohne Wartezeit

Nusstraum-Torte

ZUTATEN

Für den Bröselboden:
Öl für die Form
200 g Butterkekse
50 g geriebene Haselnüsse
150 g sehr weiche Butter

Für die Creme:
6 cl Amaretto
1 Päckchen Vanillezucker
50 g Zucker
8 Blatt weiße Gelatine
300 g Nussjoghurt
2 EL geriebene Haselnüsse
600 ml Sahne

Außerdem:
100 g Schokoladenglasur (Fertigprodukt)
je 50 g gehackte und geriebene Haselnüsse
Puderzucker zum Bestäuben

Variation:

Für die Füllung können Sie auch einen Schokoladenjoghurt verwenden. Ein Vanille- oder Fruchtjoghurt geben dem Kuchen ebenfalls ein besonderes Aroma.

ZUBEREITUNG

1. Einen Tortenrahmen (23 x 23 cm) mit Öl bestreichen und auf eine mit Backpapier belegte Tortenplatte stellen.

2. Die Butterkekse fein mahlen, mit den Haselnüssen und der weichen Butter zu einem Bröselteig verkneten. Den Teig in die Form füllen, gut andrücken und im Kühlschrank fest werden lassen.

3. Für die Creme den Amaretto mit dem Vanillezucker und dem Zucker leicht erwärmen und die gewässerte, ausgedrückte Gelatine darin auflösen.

4. Den Nussjoghurt und die Haselnüsse unterrühren. Die Sahne steif schlagen und vorsichtig unterheben.

5. Die Creme auf dem Bröselboden glatt streichen und im Kühlschrank durchkühlen lassen.

6. Die Schokoladenglasur nach Packungsanweisung zubereiten, Kleckse auf Backpapier geben, mit gehackten Haselnüssen bestreuen und im Kühlschrank fest werden lassen.

7. Das Backpapier und den Tortenrahmen vorsichtig entfernen, die Schokoladenkleckse vorsichtig vom Papier lösen und an den Rand drücken.

8. Die Oberfläche mit geriebenen Haselnüssen bestreuen, mit Puderzucker bestäuben und die Nusstraum-Torte bis zum Verzehr kühl aufbewahren.

Pro Portionen:
Für ca. 12–14 Stücke:

Schwierigkeit:
mittel

Zubereitungszeit:
30 Minuten ohne Wartezeit

Sanddorn-Krümel-Torte

ZUTATEN

Für den Bröselboden:
225 g Eiswaffeln
150 g weiche Butter
Rapsöl zum Bestreichen

Für die Creme:
200 ml gesüßter Sanddornsaft
50 g Zucker
9 Blatt weiße Gelatine
500 g Naturjoghurt
400 ml Sahne

Außerdem:
50 g Sanddornhonig
Mandarinenfilets zum Garnieren

Pro Portionen:
Für ca. 12–14 Stücke:

Schwierigkeit:
leicht

Zubereitungszeit:
25 Minuten
ohne Wartezeit

ZUBEREITUNG

1. Die Eiswaffeln grob reiben oder fein hacken, mit der weichen Butter in eine Schüssel geben, verrühren und verkneten.

2. Einen Tortenring (26 cm Ø) innen mit Sonnenblumenöl bestreichen und ihn auf eine mit Backpapier belegte Tortenplatte setzen. Die Waffelmasse einfüllen, fest andrücken und im Kühlschrank starr werden lassen.

3. Den Sanddornsaft mit dem Zucker in einen Topf geben und erwärmen. Die gut gewässerte, ausgedrückte Gelatine darin vollständig auflösen, vom Herd nehmen und erkalten lassen.

4. Kurz vor dem Festwerden den Naturjoghurt unterrühren und die geschlagene Sahne unterziehen.

5. Die Creme auf den Boden geben, glatt streichen und im Kühlschrank – am besten über Nacht – vollständig erstarren lassen.

6. Die Torte aus dem Kühlschrank nehmen, den Tortenring und das Backpapier entfernen. Die Torte auf eine Tortenplatte setzen, den Sanddornhonig dekorativ am Rand verteilen, mit Mandarinenfilets belegen und die Torte bis zum Verzehr kühl stellen.

Himbeerkuchen

(ohne Abbildung)

ZUTATEN

1 Rührteig- oder Obstboden (Fertigprodukt)
150 g Himbeermarmelade
500–750 g Himbeeren
1 Päckchen Tortenguss
Krokant zum Bestreuen
200 ml Sahne
1 Päckchen Sahnesteif
Himbeeren, Himbeerjoghurt und Melisse zum Verzieren

Pro Portionen:
Für ca. 12–14 Stücke:

Schwierigkeit:
leicht

Zubereitungszeit:
15 Minuten
ohne Wartezeit

ZUBEREITUNG

1. Den Rührteig- oder Obstboden auf ein Kuchengitter setzen.

2. Die Marmelade durch ein Sieb passieren, den Boden mit zwei Dritteln der Marmelade bestreichen und mit einem Tortenring umschließen. Die Himbeeren verlesen und den Kuchen damit belegen.

3. Den Tortenguss zubereiten und die Himbeeren damit überziehen. Den Guss fest werden lassen, den Tortenring entfernen, den Kuchenrand mit der restlichen Marmelade bestreichen, mit Krokant bestreuen und diesen leicht andrücken.

4. Den Kuchen mit der mit Sahnesteif steif geschlagenen Sahne, Krokant, Himbeeren, Himbeerjoghurt und Melisse verzieren und servieren.

Papayatorte mit Kokosraspeln

ZUTATEN

2 Lagen Wiener Boden, hell (26 cm Ø, Fertigprodukt)
150 ml Milch
1 EL Kakaopulver
75 g Zucker
1 Vanilleschote
8 Blatt weiße Gelatine
150 g Schokoladenjoghurt
1 Papaya, 600 ml Sahne
¼ Kokosnuss
10 g Kakaopulver
Papayastücke zum Garnieren

Pro Portionen:
Für ca. 12–14 Stücke:

Schwierigkeit:
leicht

Zubereitungszeit:
25 Minuten
ohne Wartezeit

ZUBEREITUNG

1. Einen Wiener Boden auf eine Tortenplatte legen und mit einem Tortenring umschließen.

2. Die Milch mit dem gesiebten Kakaopulver, dem Zucker und der Vanilleschote erwärmen, die Schote anschließend herausnehmen.

3. Die gewässerte, ausgedrückte Gelatine in der Milch auflösen und den Schokoladenjoghurt in die noch leicht warme Milch einrühren. Die geschälte, entkernte, in Stücke geschnittene Papaya und die geschlagene Sahne unterheben.

4. Die Hälfte der Creme kuppelartig auf den Biskuit streichen, mit dem zweiten Boden abdecken und die restliche Creme darauf glatt streichen. Die Torte im Kühlschrank fest werden lassen und anschließend den Tortenring entfernen.

5. Das Kokosfleisch mit dem Küchenhobel in feine Späne hobeln und die Torte damit rundherum bestreuen. Mit Kakaopulver bestäuben, mit Papayastücken garnieren und servieren.

Nektarinen-Gelee-Torte

(ohne Abbildung)

ZUTATEN

1 Lage heller Wiener Boden (26 cm Ø, Fertigprodukt)
50 g Johannisbeergelee

Für die Creme:
150 ml Pfirsichsaft
50 g Zucker
1 Päckchen Vanillezucker
8 Blatt weiße Gelatine
250 g Joghurt, 400 ml Sahne

Außerdem:
800 g Nektarinen
Zuckerwasser
350 ml Pfirsichsaft
50 g Zucker, 4 Blatt Gelatine
Zitronenmelisseblättchen zum Verzieren

ZUBEREITUNG

1. Den Wiener Boden auf eine Tortenplatte legen, mit Johannisbeergelee bestreichen und mit einem Tortenring (26 cm Ø) umschließen.

2. Den Pfirsichsaft mit dem Zucker und dem Vanillezucker in einem Topf erwärmen. Die gut gewässerte, ausgedrückte Gelatine darin auflösen, vom Herd nehmen und erkalten lassen.

3. Kurz vor dem Festwerden den Joghurt unterrühren und die geschlagene Sahne unterheben. Die Creme auf den Tortenboden geben und glatt streichen.

4. Die Nektarinen waschen, halbieren, entkernen, in Spalten schneiden und diese in kochendem Zuckerwasser kurz blanchieren. Die Nektarinen herausnehmen, gut abtropfen lassen und auf der Creme verteilen.

5. Den Pfirsichsaft mit dem Zucker in einem Topf erwärmen. Die gut gewässerte, ausgedrückte, weiße Gelatine darin auflösen, vom

Herd nehmen, erkalten lassen und den Guss gleichmäßig auf den Nektarinen verteilen. Die Torte im Kühlschrank – am besten über Nacht – vollständig durchkühlen lassen.

6. Die Torte aus dem Kühlschrank nehmen, den Tortenring entfernen, die Torte mit Zitronenmelisseblättchen verzieren und bis zum Verzehr kühl stellen.

Pro Portionen:
Für ca. 12–14 Stücke:

Schwierigkeit:
leicht

Zubereitungszeit:
30 Minuten
ohne Wartezeit

Aprikosen-Joghurt-Torte

ZUTATEN

Für den Bröselboden:
250 g Löffelbiskuits
200 g Butter
50 g Aprikosenmarmelade
1 große Dose Aprikosenhälften

Für die Creme:
250 g Aprikosenjoghurt
50 ml Marillenlikör
50 g Zucker
10–12 Blatt weiße Gelatine
600 ml Sahne
100 g Amaretti

Außerdem:
geschlagene, gesüßte Sahne
100 g Haselnusskrokant
12–14 Aprikosenhälften zum Belegen
Amaretti und Melisseblättchen zum Garnieren

ZUBEREITUNG

1. Die Löffelbiskuits in eine Plastiktüte füllen, zerbröseln und in eine Schüssel geben. Die weiche Butter kräftig darunterkneten.

2. Backpapier auf eine Tortenplatte legen, einen Tortenring (24 cm Ø) daraufsetzen. Die Biskuitmasse einfüllen, glatt streichen und im Kühlschrank fest werden lassen.

3. Den Boden mit Aprikosenmarmelade bestreichen und mit den gut abgetropften Aprikosenhälften belegen.

4. Den Aprikosenjoghurt mit dem Marillenlikör und dem Zucker in eine Schüssel geben und verrühren. Die gut gewässerte Gelatine in wenig heißem Wasser auflösen und unter die Joghurtmasse ziehen.

5. Die Sahne steif schlagen, mit den Amaretti vorsichtig unter die Aprikosencreme heben. Die Masse auf dem Tortenboden verteilen, glatt streichen und im Kühlschrank vollständig erstarren lassen.

6. Die Torte herausnehmen, das Backpapier nach vorne herausziehen und den Tortenring entfernen.

7. Die Aprikosen-Joghurt-Torte mit geschlagener, gesüßter Sahne dekorieren und die Ränder mit Haselnusskrokant bestreuen.

8. Die Oberfläche mit Aprikosenhälften und Amaretti belegen, mit Melisseblättchen garnieren und die Torte bis zum Verzehr kühl aufbewahren.

Variation:

Wenn Sie die Torte für Kinder machen möchten, so sollten Sie statt des Marillenlikörs Aprikosensirup verwenden.

Pro Portionen:
Für ca. 12–14 Stücke:

Schwierigkeit:
leicht

Zubereitungszeit:
25 Minuten
ohne Wartezeit

Waldbeerenstern

ZUTATEN

1 Lage Wiener Boden, hell (26 cm Ø, Fertigprodukt)
100 g Johannisbeergelee
250 g Erdbeeren
150 g Waldfruchtjoghurt
100 g Zucker
1 Päckchen Zitronenaroma
10–12 Blatt weiße Gelatine
600 ml Sahne
250 g frische, gemischte Beeren

Außerdem:
50 g Krokant
Puderzucker zum Bestäuben
gemischte Beeren (weiße und rote Johannisbeeren, Himbeeren, Erdbeeren oder Heidelbeeren) zum Belegen
Minzblättchen zum Garnieren

ZUBEREITUNG

1. Den Boden auf eine Arbeitsfläche legen, mithilfe einer Sternform einen Stern ausstechen oder ausschneiden und mit dem Johannisbeergelee bestreichen.

2. Die Erdbeeren verlesen, waschen, gut abtropfen lassen, klein schneiden und pürieren. Mit dem Waldfruchtjoghurt, dem Zucker und dem Zitronenaroma so lange rühren, bis sich der Zucker aufgelöst hat.

3. Die gut gewässerte Gelatine ausdrücken, in wenig heißem Wasser auflösen und unter das Erdbeerpüree ziehen. Die Sahne steif schlagen und vorsichtig unterheben. Zum Schluss die verlesenen, gewaschenen und gut abgetropften Beeren untermischen.

4. Den Tortenboden auf eine Tortenplatte setzen und mit einer Sternform umlegen. Die Erdbeercreme einfüllen, glatt streichen und im Kühlschrank vollständig erstarren lassen.

5. Den Krokant auf einer Tortenplatte verteilen, mit Puderzucker bestäuben. Den Stern aus dem Kühlschrank nehmen, die Sternform entfernen und den Stern auf den Krokant setzen.

6. Die Torte mit den verlesenen, gewaschenen und gut abgetropften Beeren belegen, mit Puderzucker bestäuben, mit Minzblättchen garnieren und bis zum Verzehr kühl aufbewahren.

Variation:
Statt Johannisbeergelee können Sie auch eine Erdbeermarmelade verwenden.

Pro Portionen:
Für ca. 12–14 Stücke:

Schwierigkeit:
mittel

Zubereitungszeit:
25 Minuten ohne Wartezeit

Nusstorte mit Kirschen

ZUTATEN

1 Glas Sauerkirschen, 350 g (Abtropfgewicht)
4 cl Kirschwasser

Für den Boden:
200 g Nusswaffeln
50 g flüssige Butter
Sonnenblumenöl zum Bestreichen

Für die Creme:
200 ml Kirschsaft
1 EL geriebene Zitronenschale
50 g Zucker
9 Blatt weiße Gelatine
400 g Kirschjoghurt
600 ml Sahne
50 g Nusswaffeln

Außerdem:
50 ml Sahne
100 g Schokoladenglasur

Tipp:
Um die Zutaten für einen Teig richtig zu vermengen sowie Cremes zu schlagen, benötigen Sie unbedingt ein Handrührgerät mit Knethaken und Quirlen. Für Vielbäcker und Profis in der Backstube ist die Anschaffung einer Küchenmaschine mit Knet- und Rührfunktion auf jeden Fall eine Überlegung wert, da sie dabei die Hände frei haben und genauer arbeiten können.

ZUBEREITUNG

1. Die Sauerkirschen zum Abtropfen auf ein Sieb geben und den Saft dabei auffangen. Die Kirschen in eine Schüssel geben, mit Kirschwasser beträufeln und zugedeckt ziehen lassen.

2. Die Nusswaffeln grob reiben oder fein hacken, mit der flüssigen Butter in eine Schüssel geben, verrühren und verkneten.

3. Einen Tortenring (26 cm Durchmesser) innen mit Sonnenblumenöl bestreichen und ihn auf eine mit Backpapier belegte Tortenplatte setzen. Die Waffelmasse einfüllen, fest andrücken und starr werden lassen.

4. Den Kirschsaft mit der Zitronenschale und dem Zucker in einen Topf geben und erwärmen. Die gut gewässerte, ausgedrückte Gelatine darin auflösen, vom Herd nehmen und erkalten lassen.

5. Kurz vor dem Festwerden den Kirschjoghurt kräftig unterrühren und die geschlagene Sahne unterziehen. Die Nusswaffeln grob hacken und ebenfalls unterrühren.

6. Die marinierten Kirschen unter die Creme ziehen, die Creme auf den Bröselboden geben, glatt streichen und im Kühlschrank – am besten über Nacht – vollständig erstarren lassen.

7. Die Torte aus dem Kühlschrank nehmen, den Tortenring und das Backpapier entfernen und die Torte auf eine Tortenplatte setzen.

8. Die Sahne mit der Schokoladenglasur in einem Topf erwärmen, die Glasur vollständig auflösen und anschließend leicht erkalten lassen.

9. Die Glasur mit einem Esslöffel auf den Rand der Torte geben, über den Rand laufen lassen, die Glasur fest werden lassen und die Torte bis zum Verzehr kühl stellen.

Pro Portionen:
Für ca. 12–14 Stücke:

Schwierigkeit:
leicht

Zubereitungszeit:
30 Minuten ohne Wartezeit

Pflaumen-Rotwein-Torte

ZUTATEN

2 Lagen Wiener Boden, hell (26 cm Ø, Fertigprodukt)
100 g Pflaumenmarmelade
ca. 6 große Pflaumen
150 ml Rotwein, 75 g Zucker
9 Blatt weiße Gelatine
250 g Himbeerjoghurt
600 ml Sahne, 2 EL Krokant
300 g Pflaumenspalten
Lavendel zum Garnieren

Pro Portionen:
Für ca. 12–14 Stücke:

Schwierigkeit:
mittel

Zubereitungszeit:
25 Minuten
ohne Wartezeit

ZUBEREITUNG

1. Die Wiener Böden mit der Pflaumenmarmelade bestreichen. Einen Boden auf eine Tortenplatte legen und mit einem Tortenring umschließen.

2. Die Pflaumen waschen, trocken tupfen, halbieren, entsteinen und die Pflaumen an den Tortenrand legen.

3. Den Rotwein mit dem Zucker in einem Topf leicht erwärmen. Die gut gewässerte Gelatine ausdrücken und im Rotwein auflösen. Den Himbeerjoghurt und die geschlagene Sahne unterheben.

4. Die Hälfte der Creme so auf den Pflaumen verstreichen, dass eine Mulde entsteht. Mit dem zweiten Boden abdecken und diesen in der Mitte nach unten drücken. Die restliche Creme darauf glatt streichen und im Kühlschrank fest werden lassen.

5. Die Torte herausnehmen, den Tortenring entfernen und die Oberfläche der Torte mit Krokant bestreuen. Mit Pflaumenspalten und Lavendel garnieren und servieren.

Erdbeer-Marzipan-Kuchen

(ohne Abbildung)

ZUTATEN

1 Lage heller Wiener Boden (Fertigprodukt)
225 g Marzipanrohmasse
50 g Aprikosenmarmelade
4 cl Mandellikör
750 g Erdbeeren
1 Päckchen Tortenguss rot
75 g geröstete Mandelblättchen
1 EL Puderzucker
gelbe Lebensmittelfarbe
200 g Vanillejoghurt

Pro Portionen:
Für ca. 12–14 Stücke:

Schwierigkeit:
leicht

Zubereitungszeit:
35 Minuten
ohne Wartezeit

ZUBEREITUNG

1. Den Wiener Boden auf eine Tortenplatte legen und mit einem Tortenring umschließen.

2. 125 g der Mazipanrohmasse mit der Aprikosenmarmelade und dem Mandellikör gut verkneten. Die Erdbeeren verlesen, waschen, halbieren und bereitstellen.

3. Zwei Drittel der Marzipanmasse auf dem Tortenboden verteilen, glatt streichen und die Erdbeeren darauflegen. Den Tortenguss nach Packungsanweisung zubereiten und auf die Erdbeeren geben.

4. Die restliche Marzipanmasse an den Kuchenrand streichen und mit den gerösteten Mandelblättchen bestreuen.

5. Die restliche Marzipanrohmasse mit dem Puderzucker verkneten und auf einer Arbeitsfläche ausrollen. Blümchen ausstechen, mit der gelben Speisefarbe bemalen und an den Kuchenrand setzen. Den Kuchen mit dem Vanillejoghurt beträufeln und bis zum Verzehr kühl stellen.

Frische Melonentorte

ZUTATEN

250 g Vollkornkekse
100 g Halbfettbutter
1 Charentais-Melone

Für die Creme:
250 g Wassermelonenfruchtfleisch
3 Blatt weiße Gelatine
400 g Frischkäse
200 ml Sahne
150 g Naturjoghurt
Saft von 1 Zitrone
5 Blatt weiße Gelatine
400 ml Sahne

Außerdem:
Melonenkugeln, Hobbitskekse und Minze zum Garnieren
Puderzucker zum Bestäuben

ZUBEREITUNG

1. Die Vollkornkekse zerkrümeln und mit der Butter zu einem Bröselteig verkneten.

2. Eine Tortenplatte mit Backpapier belegen, einen Tortenring (26 cm Ø) daraufstellen und den Bröselteig fest eindrücken.

3. Aus der Melone Kugeln ausstechen, einige Kugeln für die Garnitur beiseitelegen, die restlichen Kugeln auf den Bröselboden legen.

4. Für die Melonencreme die Wassermelone pürieren und erwärmen. Die gewässerte, ausgedrückte Gelatine darin auflösen. Frischkäse unterrühren, die steif geschlagene Sahne unterheben und die Creme auf den Melonenkugeln glatt streichen.

5. Den Joghurt mit dem Zitronensaft verrühren. Die gewässerte Gelatine ausdrücken, in wenig heißem Wasser auflösen und unter den Joghurt ziehen.

6. Die Sahne steif schlagen und unterheben. Die Creme auf der Melonencreme glatt streichen und im Kühlschrank fest werden lassen. Herausnehmen, den Tortenring entfernen und das Backpapier nach vorne herausziehen.

7. Die Torte mit Melonenkugeln, Vollkornkeksen und Minze garnieren, mit Puderzucker bestäuben und servieren.

TIPP:
Statt der Charentais-Melone können Sie auch eine Honigmelone und statt der Wassermelone frische Himbeeren oder Erdbeeren verwenden.

Pro Portionen:
Für ca. 12–14 Stücke:

Schwierigkeit:
mittel

Zubereitungszeit:
30 Minuten ohne Wartezeit

Zimtherz mit Orangen

ZUTATEN

Für den Boden:
200 g Zimtkekse
100 g weiche Butter
Sonnenblumenöl zum Bestreichen

Für die Creme:
200 ml frisch gepresster Orangensaft
50 g Zucker
1 Päckchen Vanillezucker
8 Blatt weiße Gelatine
500 g Orangenjoghurt
400 ml Sahne

Außerdem:
50 g gehackte Pistazien
Orangenscheibenhälften zum Garnieren

ZUBEREITUNG

1. Die Zimtkekse grob reiben oder fein hacken, mit der weichen Butter in eine Schüssel geben, verrühren und verkneten.

2. Einen Herzrahmen (26 cm Durchmesser) innen mit Sonnenblumenöl bestreichen und ihn auf eine mit Backpapier belegte Tortenplatte setzen. Die Keksmasse einfüllen, andrücken und fest werden lassen.

3. Den Orangensaft mit dem Zucker und dem Vanillezucker in einem Topf erwärmen. Die gut gewässerte, ausgedrückte Gelatine darin auflösen, vom Herd nehmen und erkalten lassen.

4. Kurz vor dem Festwerden den Orangenjoghurt kräftig unterrühren und die geschlagene Sahne unterziehen.

5. Die Masse auf den Bröselboden geben, glatt streichen und im Kühlschrank – am besten über Nacht – vollständig erstarren lassen.

6. Das Zimtherz aus dem Kühlschrank nehmen, den Herzrahmen und das Backpapier entfernen.

7. Das Herz auf eine Tortenplatte setzen, den Rand mit gehackten Pistazien bestreuen, die Torte mit Orangenscheibenhälften garnieren und bis zum Verzehr kühl stellen.

Tipp:
Verwenden Sie statt des Orangensaftes auch einmal Mandarinensaft. Für die großen Gäste können Sie das Zimtherz noch mit Orangen- oder Mandarinenlikör verfeinern.

Pro Portionen:
Für ca. 12–14 Stücke:

Schwierigkeit:
leicht

Zubereitungszeit:
25 Minuten
ohne Wartezeit

Feine Minztorte mit Zitronenkokos

ZUTATEN

Für den Boden:
350 g Biskuitboden
200 g Pfefferminztäfelchen
100 g Kuchenglasur Schokolade
100 ml Sahne
Sonnenblumenöl zum Bestreichen

Für die Creme:
Saft von 1 Zitrone
75 g Zucker
2 EL Wasser
150 ml Kokosmilch
9 Blatt weiße Gelatine
500 g Zitronenjoghurt
30 g Kokosraspel
400 ml Sahne

Außerdem:
1 unbehandelte Zitrone
Zitronenmelisseblättchen zum Garnieren

Tipp:

Wenn Sie keinen Zitronenjoghurt bekommen, so können Sie einen Naturjoghurt mit Zitronengelee oder -marmelade verrühren. Sie sollten dann aber den Zucker für die Creme entsprechend reduzieren.

Pro Portionen:
Für ca. 12–14 Stücke:

Schwierigkeit:
leicht

Zubereitungszeit:
30 Minuten
ohne Wartezeit

ZUBEREITUNG

1. Den Biskuitboden grob reiben oder fein hacken und in eine Schüssel geben.

2. Die Pfefferminztäfelchen mit der Kuchenglasur und der Sahne in eine feuerfeste Schüssel geben und im Wasserbad schmelzen lassen.

3. Die Schokoladenmasse zu den Biskuitbröseln geben und alles gut miteinander verrühren.

4. Einen Tortenring (26 cm Durchmesser) innen mit Sonnenblumenöl bestreichen und ihn auf eine mit Backpapier belegte Tortenplatte setzen. Die Biskuitmasse einfüllen, andrücken und fest werden lassen.

5. Den Zitronensaft mit dem Zucker, dem Wasser und der Kokosmilch in einen Topf geben und erwärmen. Die gewässerte, ausgedrückte Gelatine darin vollständig auflösen, vom Herd nehmen und erkalten lassen.

6. Kurz vor dem Festwerden den Zitronenjoghurt und die Kokosraspeln unterrühren und die geschlagene Sahne unterziehen.

7. Die Masse in zwei Teile teilen, einen Teil auf den Biskuitboden geben, glatt streichen, den zweiten Teil der Masse in einen Spritzbeutel mit Lochtülle füllen und ein Gitter auf die Creme dressieren.

8. Die Krümeltorte im Kühlschrank – am besten über Nacht – vollständig erstarren lassen. Anschließend die Torte aus dem Kühlschrank nehmen, den Tortenring und das Backpapier entfernen und die Torte auf eine Tortenplatte setzen.

9. Die Zitrone unter heißem Wasser abbürsten, die Schale abschaben und den Tortenrand damit bestreuen. Die Torte mit einigen dünn geschnittenen Zitronenscheiben belegen, mit Zitronenmelisseblättchen garnieren und bis zum Verzehr kühl stellen.

Multivitamintorte

ZUTATEN

Für den Boden:
250 g Spekulatius
150 g weiche Butter
Sonnenblumenöl zum Bestreichen

Für die Creme:
200 ml Vitaminsaft mit Fruchtfleisch
75 g Zucker
10 Blatt weiße Gelatine
500 g Wildorangenjoghurt
600 ml Sahne

Außerdem:
200 ml Vitaminsaft
2 Blatt weiße Gelatine
50 g Spekulatius
Puderzucker zum Bestäuben

ZUBEREITUNG

1. Die Spekulatius grob reiben oder fein hacken, mit der weichen Butter in eine Schüssel geben, verrühren und verkneten.

2. Einen Tortenring (26 cm Durchmesser) innen mit Sonnenblumenöl bestreichen und ihn auf eine mit Backpapier belegte Tortenplatte setzen. Die Spekulatiusmasse einfüllen, fest andrücken und starr werden lassen.

3. Den Vitaminsaft mit dem Zucker in einem Topf erwärmen. Die gut gewässerte, ausgedrückte Gelatine darin auflösen, vom Herd nehmen und erkalten lassen.

4. Kurz vor dem Festwerden den Orangenjoghurt kräftig unterrühren und die geschlagene Sahne unterheben.

5. Die Creme auf den Bröselboden geben, glatt streichen und im Kühlschrank – am besten über Nacht – vollständig erstarren lassen.

6. Den Vitaminsaft erwärmen, die gut gewässerte, ausgedrückte Gelatine darin auflösen, vom Herd nehmen, leicht erkalten lassen, gleichmäßig auf die Torte gießen, glatt streichen und im Kühlschrank fest werden lassen.

7. Die Torte aus dem Kühlschrank nehmen, den Tortenring und das Backpapier entfernen. Die Torte auf eine Tortenplatte setzen, am Rand mit gehackten Spekulatius bestreuen, mit Puderzucker bestäuben und bis zum Verzehr kühl stellen.

Tipp:
Wenn Sie keinen Wildorangenjoghurt bekommen, so können Sie einen Naturjoghurt mit Orangengelee oder -marmelade verrühren. Sie sollten dann aber den Zucker für die Creme entsprechend reduzieren.

Pro Portionen:
Für ca. 12–14 Stücke:

Schwierigkeit:
leicht

Zubereitungszeit:
30 Minuten
ohne Wartezeit

Tipp:
Orangen, Erdbeeren und Honig passen sehr gut zusammen. Für die Creme Honig und Erdbeerjoghurt und für den Spiegel Orangensaft.

Butterkekstorte mit Eierlikör

ZUTATEN

Für den Boden:
200 g Butterkekse
125 g weiche Butter
25 g Schokoladenraspel
Sonnenblumenöl zum Bestreichen

Für die Creme:
150 ml Eierlikör
50 g Zucker
1 Päckchen Vanillezucker
10 Blatt weiße Gelatine
400 g Naturjoghurt
600 ml Sahne
50 g Haselnusskrokant

Außerdem:
200 ml Eierlikör
2 Blatt weiße Gelatine
50 g Butterkekse

Tipp:

Sehr gut schmeckt auch ein Sahne- oder Nusslikör als Tortenguss. Wenn Sie diese Torte aber für Kinder zubereiten möchten, so sollten Sie statt des Alkohols einen Fruchtsaft verwenden.

ZUBEREITUNG

1. Die Butterkekse grob reiben oder fein hacken, mit der weichen Butter und den Schokoladenraspeln in eine Schüssel geben, verrühren und verkneten.

2. Einen Tortenring (26 cm Durchmesser) innen mit Sonnenblumenöl bestreichen und ihn auf eine mit Backpapier belegte Tortenplatte setzen. Die Keksmasse einfüllen, andrücken und fest werden lassen.

3. Den Eierlikör mit dem Zucker und dem Vanillezucker in einem Topf erwärmen. Die gut gewässerte, ausgedrückte Gelatine darin auflösen, vom Herd nehmen und erkalten lassen.

4. Kurz vor dem Festwerden den Naturjoghurt kräftig unterrühren und die geschlagene Sahne mit dem Haselnusskrokant vorsichtig unterheben.

5. Die Creme auf die Bröselmasse geben, glatt streichen und im Kühlschrank – am besten über Nacht – vollständig erstarren lassen.

6. Die Torte aus dem Kühlschrank nehmen. Den Eierlikör in einem Topf erwärmen und die gut gewässerte, ausgedrückte Gelatine darin auflösen.

7. Einen Tortenring (24 cm Durchmesser) mit dem Sonnenblumenöl bestreichen, auf die Torte stellen, den Eierlikör einfüllen und im Kühlschrank fest werden lassen.

8. Die Torte erneut aus dem Kühlschrank nehmen, die beiden Tortenringe und das Backpapier entfernen, die Torte auf eine Tortenplatte setzen, die Butterkekse grob zerkleinern, die Torte damit garnieren und bis zum Verzehr kühl stellen.

Pro Portionen:
Für ca. 12–14 Stücke:

Schwierigkeit:
leicht

Zubereitungszeit:
25 Minuten
ohne Wartezeit

Weincremetorte

ZUTATEN

Für den Bröselboden:
Öl für die Form
250 g Vollkornbutterkekse
150 g sehr weiche Butter

Für die Creme:
200 ml süßer Weißwein
60 g Zucker
8 Blatt weiße Gelatine
500 g Magerquark
400 ml Sahne
25 g Löffelbiskuits

Außerdem:
1 Päckchen Tortenguss rot
250 ml Weißwein
50 g weiße Kuvertüre
1 Weinblatt
1 TL Zucker
1 Msp. Zimtpulver
Weintrauben zum Garnieren

Variation:

Wenn Sie keine Weinblätter bekommen, so können Sie auch ein anderes essbares Blatt verwenden. Die Blätter sollten aber möglichst reisfest sein, damit Sie die Schokolade von den Blättern trennen können.

Pro Portionen:
Für ca. 12–14 Stücke:

Schwierigkeit:
mittel

Zubereitungszeit:
30 Minuten ohne Wartezeit

ZUBEREITUNG

1. Einen Tortenring (26 cm Ø) mit Öl bestreichen und auf eine mit Backpapier belegte Tortenplatte stellen.

2. Die Vollkornbutterkekse fein mahlen, mit der weichen Butter zu einem Bröselteig verkneten, diesen in die Form füllen und fest andrücken.

3. Für die Creme den Weißwein mit dem Zucker erwärmen. Die gewässerte, ausgedrückte Gelatine darin auflösen.

4. Den Magerquark unterrühren, die steif geschlagene Sahne unterheben. Die Hälfte der Creme in die Form füllen, am Rand nach oben streichen und die Löffelbiskuits schräg einschichten.

5. Die restliche Creme darauf glatt streichen und im Kühlschrank fest werden lassen.

6. Den Tortenguss mit dem Weißwein nach Packungsanweisung zubereiten, auf der Torte verteilen und den Guss fest werden lassen. Anschließend das Backpapier vorsichtig entfernen und den Tortenring abnehmen.

7. Die Kuvertüre im Wasserbad schmelzen lassen, das Weinblatt damit dick bestreichen, die Schokolade im Kühlschrank fest werden lassen und das Weinblatt vorsichtig ablösen.

8. Den Zucker mit dem Zimt vermischen, das Schokoladenblatt damit bestreuen, das Blatt auf die Weincremetorte legen und diese mit Weintrauben garnieren. Die Weincremetorte bis zum Verzehr kühl aufbewahren.

Aloe-Joghurt-Torte

ZUTATEN

1 Lage Biskuitboden, hell (26 cm Ø, Fertigprodukt)
100 ml heller Traubensaft
50 g Zucker
1 Päckchen Vanillezucker
8 Blatt weiße Gelatine
600 g Joghurt mit Aloe
600 ml Sahne
1 Päckchen Sahnesteif
1 EL Waldmeistersirup
30 g Mandelblättchen
1 Kiwi, Johannisbeeren (TK-Produkt)
Minze zum Garnieren

Pro Portionen:
Für ca. 12–14 Stücke:

Schwierigkeit:
leicht

Zubereitungszeit:
25 Minuten
ohne Wartezeit

ZUBEREITUNG

1. Den Biskuitboden auf eine Tortenplatte legen und mit einem Tortenring umschließen.

2. Für die Creme den Traubensaft mit dem Zucker und dem Vanillezucker erwärmen. Die gewässerte, ausgedrückte Gelatine darin auflösen und den Joghurt unterheben.

3. 400 ml Sahne steif schlagen und unterheben. Die Creme auf dem Biskuitboden glatt streichen und im Kühlschrank fest werden lassen. Anschließend den Tortenring entfernen.

4. Die restliche Sahne mit dem Sahnesteif steif schlagen, mit Waldmeistersirup nach Geschmack süßen und die Torte damit rundherum bestreichen.

5. Den Tortenrand und die Oberfläche mit Mandelblättchen bestreuen. Die Kiwi schälen, in Spalten schneiden, mit den Johannisbeeren auf die Torte legen. Die Aloe-Joghurt-Torte mit Minze garnieren und bis zum Verzehr kühl aufbewahren.

Grenadine-Herz

(ohne Abbildung)

ZUTATEN

1 Lage Biskuitboden, hell (26 cm Ø, Fertigprodukt)

Für die Creme:
150 ml Grenadinesirup
7 Blatt weiße Gelatine
250 g Sahnejoghurt
400 ml Sahne

Für die Dekoration:
rote und weiße Rosenblätter
1 Eiweiß
Zucker zum Wälzen

ZUBEREITUNG

1. Den Boden auf eine Arbeitsfläche legen, mithilfe einer Herzform einen Herz ausstechen. Den Tortenboden auf eine Tortenplatte setzen und mit einer Herzform umlegen.

2. Für die Füllung den Grenadinesirup in einem Topf erwärmen. Die gewässerte, ausgedrückte Gelatine darin auflösen lassen, vom Herd nehmen und erkalten lassen.

3. Kurz vor dem Festwerden den Joghurt kräftig darunterrühren und die geschlagene Sahne unterheben.

4. Die Creme auf dem Herz verteilen, glatt streichen und im Kühlschrank – am besten über Nacht – vollständig durchkühlen lassen.

5. Die Torte aus dem Kühlschrank nehmen, den Herzrahmen entfernen und die Torte mit gezuckerten Rosenblättern verzieren.

6. Hierfür die Rosenblätter mit verschlagenem Eiweiß bestreichen und in dem Zucker wälzen. Anschließend das Grenadine-Herz bis zum Verzehr im Kühlschrank aufbewahren.

Pro Portionen:
Für ca. 12–14 Stücke:

Schwierigkeit:
mittel

Zubereitungszeit:
25 Minuten
ohne Wartezeit

Himbeertorte mit Löffelbiskuits

ZUTATEN

Für den Bröselboden:
300 g fein gemahlene Löffelbiskuits
200 g weiche Butter

Für die Creme:
150 g Himbeeren
75 g Zucker
4 cl Amaretto
8 Blatt weiße Gelatine
250 g Quark
600 ml Sahne
150 g Löffelbiskuits
1 EL Kakaopulver

Außerdem:
Löffelbiskuits und Himbeeren zum Garnieren
Puderzucker und Kakaopulver zum Bestäuben

ZUBEREITUNG

1. Eine Tortenplatte mit Backpapier belegen und einen Tortenring (26 cm Ø) daraufstellen.

2. Die Biskuitbrösel mit der weichen Butter verkneten, fest in den Ring drücken und im Kühlschrank fest werden lassen.

3. Die verlesenen Himbeeren mit dem Zucker in einem Topf erwärmen und den Amaretto einrühren.

4. Die gewässerte, ausgedrückte Gelatine darin auflösen und den Quark einrühren.

5. Die Sahne steif schlagen und unterheben.

6. Die Hälfte der Creme auf dem Bröselteig glatt streichen, mit den Löffelbiskuits belegen und leicht mit Kakaopulver bestäuben.

7. Die restliche Creme vorsichtig daraufstreichen und im Kühlschrank fest werden lassen.

8. Den Tortenring abnehmen und das Backpapier entfernen. Die Himbeertorte mit Löffelbiskuits und Himbeeren garnieren, mit Puderzucker und Kakaopulver bestäuben und servieren.

Variation:

Statt der Himbeeren können Sie auch Erdbeeren oder Heidelbeeren verwenden.

Pro Portionen:
Für ca. 12–14 Stücke:

Schwierigkeit:
leicht

Zubereitungszeit:
25 Minuten
ohne Wartezeit

Gelatine:

Eingeweichte Gelatine immer gut ausdrücken. Aufgelöste Gelatine sollte niemals in kochende Gerichte eingerührt werden, denn so kann sie nicht gelieren. Geben Sie sie in die warme Flüssigkeit und rühren Sie solange, bis sie sich aufgelöst hat. Beim Mischen mit kalten Speisen sollten Sie immer die kalte Masse zur Gelatine geben und nicht umgekehrt. Hierfür wird die im Wasser eingeweichte, ausgedrückte Gelatine in einem kleinen Topf bei geringer Hitze aufgelöst. Nun einige Esslöffel der kalten Flüssigkeit oder Masse mit der aufgelösten Gelatine verrühren. Zum Schluss den Rest der kalten Masse oder Flüssigkeit zufügen und alles gut miteinander ver-rühren. Als Faustregel für die Dosierung von Gelatine gilt: 6 Blatt auf 500 ml Flüssigkeit.

Kiwitorte

ZUTATEN

Für den Bröselboden:
Öl für die Form
250 g Zwieback
150 g sehr weiche Butter

Außerdem:
5 Kiwis
1 Päckchen Tortenguss klar
Saft von 2 Limetten
50 g Zucker
5 Blatt weiße Gelatine
400 g Magerquark
400 ml Sahne
2 Kiwis
1 Päckchen Tortenguss klar
25 g dunkle Kuvertüre
Minze und Kiwischeiben zum Garnieren

Variation:
Statt der Kiwis können Sie auch sehr gut Mangos, Papayas oder andere exotische Früchte verwenden.

ZUBEREITUNG

1. Einen Tortenring (26 cm Ø) mit Öl bestreichen und auf eine mit Backpapier belegte Tortenplatte stellen.

2. Die Zwiebäcke fein mahlen, mit der weichen Butter zu einer Bröselmasse verarbeiten und diese fest in die Form drücken.

3. Die Kiwis schälen, in Scheiben schneiden und auf den Bröselboden legen. Den Tortenguss nach Packungsanweisung zubereiten, auf den Kiwis verteilen und fest werden lassen.

4. Für die Creme den Limettensaft mit dem Zucker erwärmen. Die gewässerte, ausgedrückte Gelatine darin auflösen. Den Quark unterrühren, die Sahne steif schlagen und unterheben. Die Creme auf den Kiwis glatt streichen und im Kühlschrank fest werden lassen.

5. Eine Kiwi schälen und pürieren. Den Tortenguss nach Packungsanweisung zubereiten und das Kiwipüree unterheben. Die Masse auf der Torte verteilen und erkalten lassen.

6. Die zweite Kiwi heiß abwaschen, die Schale mit einem Küchentuch fest abreiben, die Kiwi in Scheiben schneiden, diese vierteln und den Tortenrand damit belegen.

7. Die Kuvertüre im Wasserbad schmelzen lassen, in einen kleinen Spritzbeutel füllen, Ornamente auf Backpapier spritzen, trocknen lassen und ablösen.

8. Das Backpapier vorsichtig entfernen und den Tortenring abnehmen. Die Kiwitorte mit den Schokoladenornamenten, Minze und Kiwischeiben garnieren und servieren.

Pro Portionen:
Für ca. 12–14 Stücke:

Schwierigkeit:
leicht

Zubereitungszeit:
30 Minuten ohne Wartezeit

Brombeer-Kuppel-Torte

ZUTATEN

Öl für die Form
Puderzucker zum Bestäuben
2 Lagen Wiener Boden, hell (26 cm Ø, Fertigprodukt)

Für die Creme:
250 g Brombeeren
75 g Zucker
1 Päckchen Vanillezucker
Saft von ½ Zitrone
10 Blatt weiße Gelatine
500 g Magerquark
500 ml Sahne

Außerdem:
2 EL Aprikosenmarmelade
Mandelblättchen zum Bestreuen
Brombeeren zum Garnieren

ZUBEREITUNG

1. Eine Kuppelform (26 cm Ø) mit Öl bestreichen und leicht mit Puderzucker bestäuben.

2. Aus einem Wiener Boden mit einem Ausstecher (6–7 cm Ø) einen Kreis ausstechen und diesen in die Form legen.

3. Den Rest in 2 cm breite Streifen schneiden und diese strahlenförmig an den Kuppelrand stellen.

4. Die verlesenen Brombeeren mit dem Zucker, dem Vanillezucker und dem Zitronensaft erhitzen.

5. Die gewässerte, ausgedrückte Gelatine darin auflösen. Den Quark einrühren, die Sahne steif schlagen und unterheben.

6. Die Creme vorsichtig in die Form füllen, damit die Biskuitstreifen nicht verschoben werden.

7. Den zweiten Wiener Boden darauflegen und die Creme im Kühlschrank fest werden lassen.

8. Die Brombeer-Kuppeltorte auf eine Tortenplatte stürzen, den unteren Rand mit Aprikosenmarmelade bestreichen und mit Mandelblättchen bestreuen. Die Torte mit Brombeeren und Mandelblättchen garnieren und servieren.

Variation:

Statt der Brombeeren können Sie auch Heidelbeeren oder Himbeeren verwenden.

Pro Portionen:
Für ca. 12–14 Stücke:

Schwierigkeit:
mittel

Zubereitungszeit:
30 Minuten
ohne Wartezeit

Zimttorte mit Anis

ZUTATEN

Für den Bröselboden:
Öl für die Form
200 g Spekulatius
50 g gemahlene Mandeln
150 g sehr weiche Butter

Für die Creme:
100 ml Milch
50 g Zucker
1 Msp. Anis
8 Blatt Gelatine
200 g Quark
200 g Frischkäse
600 ml Sahne
½ TL Zimt

Außerdem:
200 ml Sahne
1 Päckchen Sahnesteif
Zucker nach Geschmack
Kakaopulver zum Bestäuben
50 g Schokoladenglasur (Fertigprodukt)
Sternanis und Zimtstangen zum Garnieren

ZUBEREITUNG

1. Einen Tortenrahmen (23 x 23 cm) mit Öl bestreichen und auf eine mit Backpapier belegte Tortenplatte stellen.

2. Die Spekulatius zerdrücken, mit den gemahlenen Mandeln und der weichen Butter zu einem Bröselteig verkneten, den Teig in die Form füllen und fest andrücken.

3. Für die Creme die Milch mit dem Zucker und dem Anis erwärmen. Die gewässerte, ausgedrückte Gelatine darin auflösen.

4. Den Quark und den Frischkäse unterrühren. Die Sahne steif schlagen und unterheben.

5. Die Hälfte der Creme auf den Bröselboden geben, glatt streichen, mit Zimt bestäuben und durchkühlen lassen.

6. Die restliche Creme darauf glatt streichen und im Kühlschrank fest werden lassen.

7. Die Sahne mit dem Sahnesteif steif schlagen, mit Zucker nach Geschmack süßen, in einen Spritzbeutel mit Lochtülle füllen, Tupfen auf die Torte spritzen und die Torte mit Kakaopulver bestäuben.

8. Die Schokoladenglasur nach Packungsanweisung schmelzen lassen, in ein kleines Spritztütchen füllen, ein Linienornament auf Backpapier spritzen und im Kühlschrank fest werden lassen.

9. Das Backpapier und den Tortenrahmen entfernen, das Ornament vorsichtig vom Backpapier lösen und auf die Torte legen. Die Zimttorte mit Sternanis und Zimtstangen garnieren und servieren.

Tipp:

Sehr gut schmeckt die Torte auch, wenn Sie auf den Zimt noch flüssige Schokolade träufeln.

Pro Portionen:
Für ca. 12–14 Stücke:

Schwierigkeit:
leicht

Zubereitungszeit:
25 Minuten
ohne Wartezeit

Zimt:

Zimt und Canehl stammen beide vom immergrünen Zimtlorbeerbaum. Sie sind keine Früchte, sondern die von der Außenborke befreiten Innenrinden des Zimtbaumes. Zimt kommt gemahlen, Ceylon-Canehl nur als Stangenzimt in den Handel. Zimt ist in Stangen oder als Pulver erhältlich. Sie sollten die Stangen oder Pulver in kleinen Mengen kaufen, da der Geschmack und das Zimtaroma schnell nachlässt.

Kirsch-Mandarinen-Torte

ZUTATEN

Für den Boden:
200 g Nusskekse
50 g flüssige Butter
Sonnenblumenöl zum Bestreichen

Für die Creme:
1 Dose Mandarinenfilets (175 g Abtropfgewicht)
1 Glas Cocktailkirschen (110 g Abtropfgewicht)
50 g Zucker
9 Blatt weiße Gelatine
300 g Naturjoghurt
500 ml Sahne

Außerdem:
50 g Butterkekse
Puderzucker zum Bestäuben
Belegkirschen und Zitronenmelisseblättchen zum Garnieren

Variation:

Statt der Wiener Würstchen können Sie auch eine Fleischwurst oder kalten Braten verwenden.

ZUBEREITUNG

1. Die Nusskekse grob reiben oder fein hacken, mit der flüssigen Butter in eine Schüssel geben, verrühren und verkneten.

2. Einen Tortenring (26 cm Durchmesser) innen mit Sonnenblumenöl bestreichen und ihn auf eine mit Backpapier belegte Tortenplatte setzen. Die Keksmasse einfüllen, fest andrücken und starr werden lassen.

3. Die Mandarinenfilets auf einem Sieb abtropfen lassen und den Saft dabei auffangen.

4. Die Cocktailkirschen ebenfalls abtropfen lassen und den Saft auffangen.

5. Den Kirschsaft mit dem Mandarinensaft auf 200 ml auffüllen und mit dem Zucker in einem Topf erwärmen.

6. Die gut gewässerte, ausgedrückte Gelatine darin vollständig auflösen, vom Herd nehmen und erkalten lassen.

7. Kurz vor dem Festwerden den Naturjoghurt kräftig unterrühren und die geschlagene Sahne unterheben.

8. Die Mandarinenfilets und die klein geschnittenen Cocktailkirschen unter die Creme heben.

9. Die Creme auf den Bröselboden geben, glatt streichen und im Kühlschrank – am besten über Nacht – vollständig erstarren lassen.

10. Die Kirsch-Mandarinen-Torte aus dem Kühlschrank nehmen und den Tortenring entfernen.

11. Die Kirsch-Mandarinen-Torte mit Butterkeksen belegen, mit Keksbröseln bestreuen, mit Puderzucker bestäuben, mit halbierten Belegkirschen und Zitronenmelisseblättchen garnieren und bis zum Verzehr kühl stellen.

Pro Portionen:
Für ca. 12–14 Stücke:

Schwierigkeit:
leicht

Zubereitungszeit:
25 Minuten
ohne Wartezeit

Zitronenmelisse:

Selbst getrocknet hält sich das Aroma der Zitronenmelisse nur begrenzt, auch wenn sie in einem luftdicht verschlossenen Glas aufbewahrt wird.

Aprikosen-Müsli-Torte

ZUTATEN

250 g flüssige Halbfettbutter
150 g Müsli ohne Rosinen (Fertigprodukt)
200 ml Aprikosensaft
75 g Zucker, Saft von 1 Zitrone
8 Blatt weiße Gelatine
500 g Quark, 500 ml Sahne
50 g Müsli
1 kleine Dose Aprikosen (210 g Abtropfgewicht)
frische Aprikosen
50 g Müsli, 30 g Rosinen

Pro Portionen:
Für ca. 12–14 Stücke:

Schwierigkeit:
leicht

Zubereitungszeit:
25 Minuten
ohne Wartezeit

ZUBEREITUNG

1. Die Halbfettbutter mit dem Müsli vermischen. Einen Tortenring (26 cm Ø) auf eine mit Backpapier belegte, flache Platte stellen, den Bröselteig einfüllen, fest andrücken und kalt stellen.

2. Den Aprikosensaft mit dem Zucker und dem Zitronensaft erwärmen und die gewässerte, ausgedrückte Gelatine darin auflösen. Den Quark in den noch leicht warmen Saft einrühren.

3. Die geschlagene Sahne und das Müsli unterheben. Die gut abgetropften Aprikosen in Stücke schneiden und unterheben. Die Creme auf dem Bröselboden glatt streichen und im Kühlschrank fest werden lassen.

4. Anschließend das Backpapier nach vorne herausziehen und den Tortenring entfernen.

5. Die Torte mit frischen Aprikosenschnitzen belegen, mit Müsli und Rosinen bestreuen und servieren.

Stracciatella-Kirsch-Torte

(ohne Abbildung)

ZUTATEN

1 Lage Wiener Boden, hell (26 cm Ø, Fertigprodukt)
Sauerkirschmarmelade zum Bestreichen
2 Päckchen Cremepulver Mousse Stracciatella
500 ml Milch
1 Glas Sauerkirschen

Außerdem:
50 g Borkenschokolade
100 g Amarena-Kirschen
Puderzucker zum Bestäuben

Pro Portionen:
Für ca. 12–14 Stücke:

Schwierigkeit:
leicht

Zubereitungszeit:
25 Minuten
ohne Wartezeit

ZUBEREITUNG

1. Den Biskuitboden mit der Sauerkirschmarmelade bestreichen. Den Boden auf eine Tortenplatte legen und mit einem Tortenring umschließen.

2. Für die Füllung das Cremepulver Mousse Stracciatella mit der Milch in ein hohes Rührgefäß geben und mit dem elektrischen Handrührgerät auf niedrigster Stufe verrühren.

3. Anschließend auf der höchsten Stufe drei Minuten schlagen, solange, bis eine lockere, sahnige Creme entstanden ist.

4. Die Sauerkirschen gut abtropfen lassen, mit der Creme verrühren, auf den Tortenboden geben, glatt streichen und im Kühlschrank vollständig durchkühlen lassen.

5. Die Stracciatella-Kirsch-Torte aus dem Kühlschrank nehmen und den Tortenring entfernen. Die Torte mit Borkenschokolade und Amarena-Kirschen belegen, mit Puderzucker bestäuben und bis zum Verzehr kühl stellen.

Orangentorte

ZUTATEN

Für den Bröselboden:
Öl für die Form
200 g Butterkekse
125 g sehr weiche Butter

Für die Creme:
1 unbehandelte Orange
100 ml Orangensaft
50 g Getränkepulver Orange
50 g Zucker
8 Blatt weiße Gelatine
500 g Magerquark
500 ml Sahne

Außerdem:
1 Päckchen Tortenguss klar
200 ml Orangensaft
50 g Getränkepulver Orange
½ unbehandelte Orange
einige Tropfen rote Speisefarbe
Orangenschnitze zum Garnieren

Tipp:
Das Getränkepulver können Sie auch durch Orangenaroma oder Orangenmarmelade ersetzen. Sie sollten dann aber den Zucker entsprechend reduzieren.

ZUBEREITUNG

1. Einen Tortenring (26 cm Ø) mit Öl bestreichen und auf eine mit Backpapier belegte Tortenplatte stellen.

2. Die Butterkekse fein reiben, mit der weichen Butter zu einem Bröselteig verkneten, den Teig in die Form füllen und fest andrücken.

3. Die Orange unter heißem Wasser abbürsten, trocken tupfen, in Scheiben schneiden, diese halbieren und an den Rand setzen.

4. Für die Creme den Orangensaft mit dem Getränkepulver und dem Zucker erwärmen.

5. Die gewässerte, gut ausgedrückte Gelatine darin auflösen und den Magerquark unterrühren. Die Sahne steif schlagen und unterheben.

6. Die Creme auf den Bröselboden geben, glatt streichen und im Kühlschrank fest werden lassen.

7. Den Tortenguss mit dem Orangensaft und dem Getränkepulver nach Packungsanweisung zubereiten, auf die Torte träufeln und fest werden lassen. Anschließend das Backpapier und den Tortenring entfernen.

8. Die Orange unter heißem Wasser abbürsten, von der Schale dünne Streifen abschneiden, diese mit roter Speisefarbe einfärben, die Torte damit belegen und mit Orangenschnitzen garnieren. Die Orangentorte bis zum Verzehr kühl aufbewahren.

Pro Portionen:
Für ca. 12–14 Stücke:

Schwierigkeit:
mittel

Zubereitungszeit:
30 Minuten
ohne Wartezeit

Neapolitaner Torte mit Johannisbeeren

ZUTATEN

Für den Bröselboden:
Öl für die Form
350 g Neapolitaner-Waffeln
75 g sehr weiche Butter

Für die Creme:
200 g Johannisbeeren
75 g Zucker
1 Päckchen Vanillezucker
7 Blatt weiße Gelatine
500 g Magerquark
300 ml Sahne

Außerdem:
300 ml Sahne
1 Päckchen Sahnesteif
Zucker nach Geschmack
50 g Neapolitaner-Waffeln
50 g Johannisbeeren
10 g gehackte Pistazien zum Bestreuen

Tipp:

Wird Gelatine zum Festigen der Creme verwendet, müssen Sie einkalkulieren, dass die Torte einige Stunden im Kühlschrank ruhen muss, damit sie anschließend schnittfest ist.

Pro Portionen:
Für ca. 12–14 Stücke:

Schwierigkeit:
mittel

Zubereitungszeit:
30 Minuten
ohne Wartezeit

ZUBEREITUNG

1. Einen Tortenring (26 cm Ø) mit Öl bestreichen und auf eine mit Backpapier belegte Tortenplatte stellen.

2. 250 g Neapolitaner-Waffeln zerdrücken und mit der weichen Butter zu einem Bröselteig verkneten. 100 g Neapolitaner-Waffeln an den Formrand stellen, den Bröselteig einfüllen und fest andrücken.

3. Für die Creme die Johannisbeeren mit dem Zucker und dem Vanillezucker erwärmen. Die gewässerte, ausgedrückte Gelatine darin auflösen, den Magerquark unterrühren und die steif geschlagene Sahne unterheben.

4. Die Creme vorsichtig in den Tortenring füllen, am Rand hochstreichen und im Kühlschrank fest werden lassen. Anschließend das Backpapier vorsichtig entfernen und den Tortenring abnehmen.

5. Die Sahne mit dem Sahnesteif steif schlagen, mit Zucker nach Geschmack süßen, etwas Sahne zum Garnieren in einen Spritzbeutel mit Sterntülle füllen. Die restliche Sahne auf der Johannisbeercreme glatt streichen.

6. Die Torte mit Sahnetupfen, mit klein geschnittenen Neapolitaner-Waffeln und mit Johannisbeeren garnieren, mit gehackten Pistazien bestreuen und servieren.

Quark:

Quark macht die Füllung schön locker und saftig und ist die am meisten für Käsekuchen verwendete Zutat. Im Handel ist er in den Fettgehaltstufen Mager- bis Doppelrahmstufe erhältlich. Möchten Sie eine schön cremige Füllung zubereiten, verwenden Sie am besten 40 %igen Sahnequark. Wer kalorienreduzierter backen möchte, der kann auch den 20 %igen Speisequark verwenden.

Früchte-Müsli-Torte

ZUTATEN

Für den Bröselboden:
Öl für die Form
250 g Fitness- oder Früchtekekse
150 g sehr weiche Butter

Für die Creme:
150 g naturtrüber Apfelsaft
50 g Zucker
7 Blatt weiße Gelatine
250 g Vierkornjoghurt „Bircher Müsli"
250 g Magerquark
400 ml Sahne

Außerdem:
200 ml Sahne
1 Päckchen Sahnesteif
Zucker nach Geschmack
1 Apfel
einige Tropfen Zitronensaft
100 g Fitness- oder Früchtekekse zum Verzieren
Puderzucker zum Bestäuben
zarte Haferflocken zum Bestreuen

ZUBEREITUNG

1. Einen Tortenring (26 cm Durchmesser) innen mit Öl bestreichen und auf eine mit Backpapier belegte Tortenplatte stellen.

2. Die Kekse fein mahlen, mit der weichen Butter zu einem Bröselteig verkneten, in die Form füllen und fest andrücken.

3. Für die Creme den Apfelsaft mit dem Zucker erwärmen. Die gewässerte Gelatine darin auflösen, das Ganze vom Herd nehmen und abkühlen lassen.

4. Kurz vor dem Festwerden den Vierkornjoghurt und den Magerquark unterrühren und die steif geschlagene Sahne unterheben.

5. Die Creme auf den Bröselboden geben, glatt streichen und die Torte im Kühlschrank vollständig durchkühlen lassen.

6. Das Backpapier vorsichtig entfernen und den Tortenring abnehmen.

7. Die Sahne mit dem Sahnesteif steif schlagen und mit Zucker süßen. In einen Spritzbeutel mit Sterntülle füllen und Tupfen an den Tortenrand dressieren.

8. Den Apfel waschen, trocken tupfen, entkernen, halbieren, in dünne Scheiben schneiden und diese mit Zitronensaft beträufeln.

9. Die Früchte-Müsli-Torte mit den Apfelscheiben und den Keksen verzieren, mit Puderzucker bestäuben, mit den Haferflocken bestreuen und bis zum Verzehr kühl stellen.

Variation:

Statt der Apfelscheiben können Sie auch Orangenscheiben verwenden. Schneiden Sie, mit einem scharfen Messer, die Schale mit der weißen Innenhaut großzügig weg.

Pro Portionen:
Für ca. 12–14 Stücke:

Schwierigkeit:
mittel

Zubereitungszeit:
30 Minuten
ohne Wartezeit

Zitronen-Molke-Torte

ZUTATEN

1 Lage Wiener Boden, hell (26 cm Ø, Fertigprodukt)
100 g Johannisbeermarmelade
200 ml Molke, 50 g Zucker
8 Blatt weiße Gelatine
500 g Magerquark
Saft von 1 kleinen Zitrone
300 ml Sahne
Saft von ½ Zitrone
150 ml Wasser, 2 Msp. Safran
1 gestrichener EL Zucker
3 Blatt weiße Gelatine
10 g Mandelblättchen

Pro Portionen:
Für ca. 12–14 Stücke:

Schwierigkeit:
leicht

Zubereitungszeit:
25 Minuten ohne Wartezeit

ZUBEREITUNG

1. Die Biskuitboden mit der Johannisbeermarmelade bestreichen. Einen Boden auf eine Tortenplatte legen und mit einem Tortenring umschließen.

2. Für die Creme die Molke mit dem Zucker leicht erwärmen. Die gewässerte Gelatine darin auflösen, vom Herd nehmen und erkalten lassen.

3. Kurz vor dem Festwerden den Quark mit dem Zitronensaft verrühren und unter die Molke ziehen. Die Sahne steif schlagen und unterheben.

4. Die Creme auf dem Biskuit glatt streichen, dabei oben ½ cm Rand frei lassen. Die Torte im Kühlschrank vollständig durchkühlen lassen.

5. Den Zitronensaft mit dem Wasser, dem Safran und dem Zucker erwärmen. Die gewässerte Gelatine darin auflösen, vom Herd nehmen und erkalten lassen.

6. Kurz vor dem Festwerden das Gelee auf der Torte glatt streichen und den Rand mit Mandelblättchen bestreuen.

7. Den Zitronenspiegel fest werden lassen. Den Tortenring entfernen und die Zitronen-Molke-Torte bis zum Verzehr kühl aufbewahren.

Rooibostorte mit Kandis

(ohne Abbildung)

ZUTATEN

1 Lage Wiener Boden, hell (26 cm Ø, Fertigprodukt)
50 g Himbeermarmelade
Öl zum Bestreichen
30 g brauner Kandiszucker
200 ml starker Rooibostee
50 g Karamellsirup
10 Blatt weiße Gelatine
250 g Magerquark
600 ml Sahne
Rosmarinzweige
10 g Kakaopulver
gestoßener, brauner Kandiszucker

ZUBEREITUNG

1. Den Wiener Boden mit Himbeermarmelade bestreichen. Einen Tortenring innen mit Öl ausstreichen und den Biskuit damit umschließen.

2. Für die Creme den Kandiszucker im heißen Rooibostee auflösen und den Karamellsirup einrühren.

3. Die gewässerte Gelatine im heißen Tee auflösen, das Ganze vom Herd nehmen und abkühlen lassen. Kurz vor dem Festwerden den Magerquark unter den Tee rühren. Die Sahne steif schlagen und unterheben.

4. Die Creme auf den Tortenboden geben und glatt streichen. Die Torte im Kühlschrank vollständig durchkühlen lassen. Anschließend aus dem Kühlschrank nehmen und den Tortenring entfernen.

5. Die Rosmarinzweige auf die Torte legen und das Kakaopulver darübersieben. Die Zweige vorsichtig entfernen.

6. Den Tortenrand mit gestoßenem Kandiszucker bestreuen und die Rooibostorte bis zum Verzehr im Kühlschrank aufbewahren.

Pro Portionen:
Für ca. 12–14 Stücke:

Schwierigkeit:
leicht

Zubereitungszeit:
25 Minuten ohne Wartezeit

Käsesahne mit Aprikosen

ZUTATEN

Für den Boden:
250 g Zwieback
150 g weiche Butter
Sonnenblumenöl zum Bestreichen

Für die Creme:
200 ml Aprikosensaft
75 g Zucker
8 Blatt weiße Gelatine
500 g Magerquark
500 ml Sahne

Außerdem:
1 Dose Aprikosen (480 g Abtropfgewicht)
6 Blatt weiße Gelatine
4 cl Aprikosenlikör
Zitronenscheiben zum Garnieren

ZUBEREITUNG

1. Den Zwieback grob reiben oder fein hacken, mit der weichen Butter in eine Schüssel geben, verrühren und verkneten.

2. Einen Tortenring (26 cm Durchmesser) innen mit Sonnenblumenöl bestreichen und ihn auf eine mit Backpapier belegte Tortenplatte setzen. Die Zwiebackmasse einfüllen, andrücken und fest werden lassen.

3. Die Aprikosen abgießen, gut abtropfen lassen, den Saft auffangen, die Aprikosen pürieren, das Aprikosenpüree in einen Topf geben und erwärmen.

4. Die gut gewässerte, ausgedrückte Gelatine ins Aprikosenpüree geben, vollständig auflösen lassen, vom Herd nehmen und bereitstellen.

5. Den Aprikosensaft mit dem Zucker in einem Topf erwärmen. Die gut gewässerte, ausgedrückte Gelatine darin auflösen, vom Herd nehmen und erkalten lassen.

6. Kurz vor dem Festwerden den Magerquark kräftig unter die Creme rühren, die geschlagene Sahne unterziehen, die Masse auf den Zwiebackboden geben und glatt streichen.

7. Das Aprikosenpüree mit einem Esslöffel spiralförmig unter die Creme ziehen und die Käsesahne im Kühlschrank – am besten über Nacht – vollständig erstarren lassen.

8. Die Käsesahne aus dem Kühlschrank nehmen, den Tortenring und das Backpapier entfernen.

9. Die Käsesahne auf eine Tortenplatte setzen, mit Zitronenscheiben garnieren und bis zum Verzehr kühl stellen.

Variation:

Wenn Sie für den Kuchen keine Aprikosen verwenden möchten, so können Sie diese durch Pfirsiche oder Mangos ersetzen.

Pro Portionen:
Für ca. 12–14 Stücke:

Schwierigkeit:
leicht

Zubereitungszeit:
25 Minuten
ohne Wartezeit

Quark:

Die Quarkmasse kann bei der Zubereitung mit verschiedenen Beigaben aromatisiert werden. Durch die Zugabe von Zitronen- oder Vanillearoma, Ahornsirup oder Saft kann der Geschmack nach Belieben verändert werden. Auch ein leichtes Zimtaroma harmoniert delikat mit dem frischen Geschmack der Quarkmasse. Durch die Verwendung von Kakao, dunkler Schokolade oder Mokka als Zutat in der Masse erhält der Käsekuchen neben einem kräftigeren Geschmack auch ein herrlich dunkles Aussehen.

Pfirsichtorte mit Schokoplätzchen

ZUTATEN

Für den Teig:
200 g Schokoladenplätzchen
50 g gemahlene Nüsse
1 EL Zucker, 100 g Butter

Für die Creme:
250 g Sahnequark
250 g Schmand, 100 g Zucker
Saft von 1 Zitrone
9 Blatt Gelatine, 400 ml Sahne

Außerdem:
1 Dose Pfirsiche (480 g Abtropfgewicht)
Pfirsichspalten und Schokoladenplätzchen zum Belegen
Puderzucker zum Bestäuben
Minzzweige zum Garnieren

Pro Portionen:
Für ca. 12–14 Stücke:

Schwierigkeit:
leicht

Zubereitungszeit:
30 Minuten
ohne Wartezeit

ZUBEREITUNG

1. Die Schokoladenplätzchen grob reiben oder fein hacken und mit den Nüssen und dem Zucker in eine Schüssel geben.

2. Die Butter in einen Topf geben, schmelzen lassen, darüberträufeln und alles zu einem Krümelteig verarbeiten.

3. Die Masse in eine mit Backpapier ausgelegte Springform (24 cm Durchmesser) füllen, glatt streichen und im Kühlschrank erkalten lassen.

4. Für die Creme den Sahnequark mit dem Schmand, dem Zucker und dem Zitronensaft in eine Schüssel geben und glatt rühren.Die gut gewässerte Gelatine ausdrücken, in wenig heißem Wasser auflösen und tropfenweise unter die Quarkcreme ziehen. Die Sahne steif schlagen und unterheben.

5. Den Tortenboden aus dem Kühlschrank nehmen, auf eine Tortenplatte legen und mit einem Tortenring umschließen. Etwas Creme darauf verteilen, die Pfirsiche mit der Schnittfläche nach unten darauflegen und mit der restlichen Creme überziehen, glatt streichen und im Kühlschrank – am besten über Nacht – vollständig erstarren lassen.

6. Die Pfirsichtorte aus dem Kühlschrank nehmen, den Tortenring und das Backpapier entfernen und mit Pfirsichspalten und Schokoladenplätzchen belegen. Die Torte mit Puderzucker bestäuben, mit Minzzweigen garnieren und bis zum Verzehr kühl stellen.

Marmorierte Erdbeertorte

(ohne Abbildung)

ZUTATEN

1 Lage Wiener Boden, hell (26 cm Ø, Fertigprodukt)
100 ml Milch, 50 g Zucker
Mark von 1 Vanilleschote
6 Blatt weiße Gelatine
300 g Quark, 400 ml Sahne
500 g Erdbeeren, 50 g Zucker
2 Blatt weiße Gelatine
Puderzucker zum Bestäuben
gehackte Pistazien zum Bestreuen

ZUBEREITUNG

1. Einen Tortenring mit Öl bestreichen, den Biskuit auf eine Tortenplatte legen und mit dem Tortenring umschließen.

2. Für die Creme die Milch mit dem Zucker und dem Vanillemark erwärmen. Die gewässerte, ausgedrückte Gelatine darin auflösen, vom Herd nehmen und erkalten lassen.

3. Den Quark unterrühren, die Sahne steif schlagen und unterheben. Die Creme auf dem Biskuit verteilen. Die Erdbeeren verlesen, waschen und trocken tupfen. 300 g Erdbeeren mit dem Zucker pürieren und erwärmen. Die gewässerte, ausgedrückte Gelatine darin auflösen.

4. Das Erdbeerpüree auf die Creme geben und mit einem Löffel ein Marmormuster einziehen. Die Creme im Kühlschrank fest werden lassen. Anschließend den Tortenring abnehmen.

5. Die restlichen 200 g Erdbeeren halbieren oder vierteln und die Torte damit verzieren. Mit Puderzucker bestäuben, mit gehackten Pistazien bestreuen, dekorativ anrichten und die marmorierte Erdbeertorte servieren.

Pro Portionen:
Für ca. 12–14 Stücke:

Schwierigkeit:
leicht

Zubereitungszeit:
25 Minuten ohne Wartezeit

Blaubeer-Quark-Torte

ZUTATEN

1 Glas Blaubeeren (270 g Abtropfgewicht)
1 Päckchen Tortenguss klar
2 EL Zucker

Für die Creme:
100 ml Milch
2 Päckchen Vanillezucker
50 g Zucker
8 Blatt weiße Gelatine
500 g Magerquark
400 ml Sahne

Außerdem:
2 Lagen Wiener Boden, hell (26 cm Ø, Fertigprodukt)
200 ml Sahne
1 Päckchen Sahnesteif
Zucker nach Geschmack
75 g Haselnusskrokant
250 g frische Blaubeeren

Tipp:

Einen fertig gebackenen Biskuitboden löst man aus einer Springform, indem man zuerst den Formrand entfernt. Das klappt am besten, wenn die Form zuvor mit Backpapier ausgelegt wurde. Nun legt man ein Kuchengitter auf den Biskuit und wendet diesen. Anschließend entfernt man den Boden der Springform und zieht das Backpapier vorsichtig ab.

Pro Portionen:
Für ca. 12–14 Stücke:

Schwierigkeit:
leicht

Zubereitungszeit:
30 Minuten
ohne Wartezeit

ZUBEREITUNG

1. Die Blaubeeren über einem Sieb gut abtropfen lassen, den Saft auffangen und 250 ml Saft abmessen.

2. Den Tortenguss mit dem Blaubeersaft und dem Zucker nach Packungsanweisung zubereiten und zum Schluss die Blaubeeren unterrühren.

3. Die Milch mit dem Vanillezucker und dem Zucker in einem Topf erwärmen. Die gut gewässerte, ausgedrückte Gelatine darin auflösen, vom Herd nehmen und erkalten lassen.

4. Kurz vor dem Festwerden den Quark unterrühren und die geschlagene Sahne unterziehen.

5. Einen Boden auf eine Tortenplatte legen und mit einem Tortenring umschließen.

6. Die Creme einfüllen und glatt streichen. Die Blaubeeren am Rand der Torte rundherum einsinken lassen.

7. Den zweiten Boden darauflegen, leicht andrücken und die Torte im Kühlschrank – am besten über Nacht – vollständig durchkühlen lassen.

8. Die Torte aus dem Kühlschrank nehmen und den Tortenring entfernen. Die Sahne mit dem Sahnesteif steif schlagen, mit Zucker nach Geschmack süßen und die Torte damit rundherum bestreichen.

9. Die restliche Sahne in einen Spritzbeutel mit Lochtülle füllen. Die Torte mit Krokant bestreuen und die restliche Sahne auf die Torte dressieren.

10. Die Blaubeeren verlesen, waschen, trocken tupfen und die Torte mit den Blaubeeren verzieren, anschließend bis zum Verzehr kühl stellen.

Capritorte

ZUTATEN

125 ml Multivitaminsaft
50 g Zucker
Saft von 1 Zitrone
10 Blatt weiße Gelatine
300 g Magerquark
600 ml Sahne, 1 Pfirsich
2 Aprikosen, 1 Nektarine

Außerdem:
2 Lagen Wiener Boden, hell (26 cm Ø, Fertigprodukt)
75 g Aprikosenmarmelade
2 Nektarinen, 2 Pfirsiche
5 Aprikosen
1 Päckchen Tortenguss klar
75 g Mandelblättchen

Pro Portionen:
Für ca. 12–14 Stücke:

Schwierigkeit:
leicht

Zubereitungszeit:
25 Minuten
ohne Wartezeit

ZUBEREITUNG

1. Den Multivitaminsaft mit dem Zucker und dem Zitronensaft erwärmen. Die gut gewässerte, ausgedrückte Gelatine darin auflösen, vom Herd nehmen und erkalten lassen.

2. Kurz vor dem Festwerden den Quark unterrühren und die geschlagene Sahne unterheben. Die Früchte waschen, halbieren, entkernen, in Würfel schneiden und ebenfalls unterheben.

3. Den unteren Boden auf eine Tortenplatte setzen und mit einem Tortenring umschließen. Die Fruchtcreme einfüllen und glatt streichen. Den zweiten Boden mit Aprikosenmarmelade bestreichen, mit der Marmeladenseite nach oben auf die Creme legen und leicht andrücken. Die Torte im Kühlschrank – am besten über Nacht – vollständig durchkühlen lassen.

4. Die Nektarinen, die Pfirsiche und die Aprikosen für den Belag waschen, halbieren, entkernen und die Früchte in dünne Spalten schneiden. Die Früchte dekorativ auf die Torte legen.

5. Den Tortenguss nach Packungsanweisung zubereiten, gleichmäßig auf den Früchten verteilen und die Torte erneut im Kühlschrank durchkühlen lassen. Die Torte aus dem Kühlschrank nehmen, den Tortenring entfernen, den Rand der Torte mit Mandelblättchen bestreuen und die Torte bis zum Verzehr kühl stellen.

Aprikosen-Vanille-Torte

(ohne Abbildung)

ZUTATEN

2 Lagen heller Wiener Boden (26 cm Ø, Fertigprodukt)
75 g Aprikosenmarmelade

Für die Creme:
150 ml Milch
75 g Zucker
Mark von 2 Vanilleschoten
9 Blatt weiße Gelatine
500 g Vanillejoghurt
400 ml Sahne

Außerdem:
300 g Aprikosen
Puderzucker zum Bestäuben

ZUBEREITUNG

1. Die Wiener Böden mit der Aprikosenmarmelade bestreichen, zusammensetzen, auf eine Tortenplatte legen und mit einem Tortenring umschließen.

2. Die Milch mit dem Zucker und dem Vanillemark in einen Topf geben und erwärmen. Die gut gewässerte, ausgedrückte Gelatine darin auflösen, vom Herd nehmen und erkalten lassen.

3. Kurz vor dem Festwerden den Vanillejoghurt unterrühren und die geschlagene Sahne unterziehen.

4. Die Creme auf den Boden geben, glatt streichen und im Kühlschrank – am besten über Nacht – vollständig durchkühlen lassen.

5. Die Torte aus dem Kühlschrank nehmen und den Tortenring vorsichtig entfernen.

6. Die Vanilletorte mit den gewaschenen, entkernten und in Spalten geschnittenen Aprikosen belegen, mit Puderzucker bestäuben und bis zum Verzehr kühl stellen.

Pro Portionen:
Für ca. 12–14 Stücke:

Schwierigkeit:
leicht

Zubereitungszeit:
25 Minuten ohne Wartezeit

Preiselbeertorte mit Schokoreisboden

ZUTATEN

Für den Boden:
100 g Kuchenglasur Vollmilch
50 ml Sahne
200 g Schokoladenreiskrümel
Sonnenblumenöl zum Bestreichen

Für die Creme:
150 g Preiselbeermarmelade
2 Päckchen Vanillezucker
9 Blatt weiße Gelatine
400 g Dickmilch
600 ml Sahne

Außerdem:
100 g Preiselbeermarmelade
Zitronenmelisseblättchen zum Garnieren

Variation:
Für ein Wasserbad sollten Sie zwei ineinander passende Töpfe oder einen Topf und eine Schüssel verwenden. Der innere Topf sollte so im Wasser stehen, dass er den Topfboden des größeren Topfes nicht berührt.

Pro Portionen:
Für ca. 12–14 Stücke:

Schwierigkeit:
leicht

Zubereitungszeit:
25 Minuten ohne Wartezeit

ZUBEREITUNG

1. Die Kuchenglasur mit der Sahne in einen feuerfesten Topf geben und im Wasserbad unter ständigem Rühren schmelzen lassen.

2. Die Schokoladenreiskrümel einrühren. Einen Tortenring (26 cm Durchmesser) innen mit Sonnenblumenöl bestreichen und ihn auf eine mit Backpapier belegte Tortenplatte stellen.

3. Die Schokoladenmasse einfüllen, fest andrücken und starr werden lassen.

4. Die Preiselbeermarmelade mit dem Vanillezucker in einem Topf erwärmen.

5. Die gut gewässerte, ausgedrückte Gelatine in die Marmelade einrühren, vollständig auflösen, den Topf vom Herd nehmen und das Ganze erkalten lassen.

6. Kurz vor dem Festwerden die Dickmilch unterrühren und die geschlagene Sahne unterheben.

7. Die Masse auf dem Bröselboden verteilen, glatt streichen und im Kühlschrank – am besten über Nacht – vollständig erstarren lassen.

8. Die Torte aus dem Kühlschrank nehmen, den Tortenring und das Backpapier entfernen.

9. Die Torte auf eine Tortenplatte setzen, mit Preiselbeermarmelade garnieren, mit Zitronenmelisseblättchen verzieren und bis zum Verzehr kühl stellen.

Russischer Brotkuchen

ZUTATEN

Für den Boden:
300 g Russisch Brot
150 g weiche Butter
Sonnenblumenöl zum Bestreichen
150 ml Milch, 50 g Zucker
1 Päckchen Vanillezucker
8 Blatt weiße Gelatine
500 g Vanillejoghurt
400 ml Sahne
10 g Kakaopulver
Physalis zum Garnieren

Pro Portionen:
Für ca. 12–14 Stücke:

Schwierigkeit:
mittel

Zubereitungszeit:
25 Minuten
ohne Wartezeit

ZUBEREITUNG

1. Das Russisch Brot grob reiben oder fein hacken, mit der weichen Butter in eine Schüssel geben, verrühren und verkneten. Einen Tortenring (26 cm Durchmesser) innen mit Sonnenblumenöl bestreichen und ihn auf eine mit Backpapier belegte Tortenplatte setzen. Zwei Drittel der Masse einfüllen, fest andrücken und starr werden lassen, die restliche Masse bereitstellen.

2. Die Milch mit dem Zucker und dem Vanillezucker in einem Topf erwärmen. Die gut gewässerte, ausgedrückte Gelatine darin auflösen, vom Herd nehmen und erkalten lassen.

3. Kurz vor dem Festwerden den Vanillejoghurt kräftig unterrühren und die geschlagene Sahne unterziehen. Die Masse teilen, in einen Teil der Creme das Kakaopulver einrühren, abwechselnd helle und dunkle Creme mit einem Esslöffel auf dem Bröselboden verteilen und auf der Oberfläche glatt streichen.

4. Die Torte mit der restlichen Bröselmasse bestreuen und im Kühlschrank – am besten über Nacht – vollständig durchkühlen lassen. Die Torte aus dem Kühlschrank nehmen, den Tortenring und das Backpapier entfernen. Die Torte auf eine Tortenplatte setzen, mit Physalis garnieren und bis zum Verzehr kühl stellen.

Orangentörtchen

(ohne Abbildung)

ZUTATEN

Für den Boden:
200 g Butterkekse
125 g weiche Butter
Sonnenblumenöl zum Bestreichen
200 ml Sahne
1 Päckchen Sahnesteif
Zucker nach Geschmack
1 Päckchen Orangenaroma
Orangenspalten zum Belegen
50 g Butterkekse

Pro Portionen:
Für ca. 12–14 Stücke:

Schwierigkeit:
leicht

Zubereitungszeit:
20 Minuten
ohne Wartezeit

ZUBEREITUNG

1. Die Butterkekse grob reiben oder fein hacken, mit der weichen Butter in eine Schüssel geben, verrühren und verkneten.

2. Muffinförmchen mit Sonnenblumenöl ausstreichen, die Keksmasse einfüllen, fest andrücken und im Kühlschrank 30 Minuten starr werden lassen.

3. Die kleinen Bröselböden vorsichtig aus den Muffinförmchen drehen und auf ein Kuchengitter setzen.

4. Die Sahne mit dem Sahnesteif steif schlagen, mit Zucker nach Geschmack süßen und dem Orangenaroma aromatisieren, in einen Spritzbeutel mit Sterntülle füllen und die Sahne auf die Törtchen dressieren.

5. Die Törtchen mit Orangenspalten belegen, mit den grob gehackten Butterkeksen bestreuen und bis zum Verzehr kühl stellen.

Schwarzwälder Krümeltorte

ZUTATEN

Für den Boden:
250 g Schokoladenkekse
150 g weiche Butter
Sonnenblumenöl zum Bestreichen

Für die Creme:
100 ml Milch
2 Päckchen Vanillezucker
50 g Zucker
10 Blatt weiße Gelatine
4 cl Kirschwasser
800 ml Sahne

Außerdem:
1 Glas Sauerkirschen (350 g Abtropfgewicht)
1 Päckchen Tortenguss rot

Variation:

Verwenden Sie statt der Sauerkirschen einfach einmal Kaiserkirschen oder Süßkirschen. Diese Kirschen werden besonders von den kleinen Naschkatzen bevorzugt. Wenn Kinder mitessen, dann verzichten Sie auf die Zugabe von Kirschwasser.

ZUBEREITUNG

1. Die Schokoladenkekse grob reiben oder fein hacken, in eine Schüssel geben, die weiche Butter hinzufügen, verrühren und verkneten.

2. Einen Tortenring (26 cm Durchmesser) innen mit Sonnenblumenöl bestreichen und ihn auf eine mit Backpapier belegte Tortenplatte setzen. Die Keksmasse einfüllen, andrücken und fest werden lassen.

3. Die Milch mit dem Vanillezucker und dem Zucker in einem Topf erwärmen.

4. Die gut gewässerte, ausgedrückte Gelatine darin vollständig auflösen, das Kirschwasser einrühren, das Ganze vom Herd nehmen und erkalten lassen.

5. Kurz vor dem Festwerden die geschlagene Sahne einrühren, die Masse auf den Boden geben, glatt streichen und im Kühlschrank – am besten über Nacht – vollständig erstarren lassen.

6. Die Sauerkirschen abgießen, den Saft auffangen, 250 ml abmessen, den Tortenguss mit dem Kirschsaft nach Packungsanweisung zubereiten, die Sauerkirschen unterrühren und die Masse mit einem Esslöffel auf der Torte verteilen.

7. Die Schwarzwälder Krümeltorte für eine Stunde in den Kühlschrank stellen.

8. Anschließend den Tortenring und das Backpapier entfernen, die Torte auf eine Tortenplatte setzen und bis zum Verzehr kühl stellen.

Pro Portionen:
Für ca. 12–14 Stücke:

Schwierigkeit:
leicht

Zubereitungszeit:
25 Minuten
ohne Wartezeit

Melonentorte

ZUTATEN

Für den Boden:
200 g Zimtkekse
125 g weiche Butter
Sonnenblumenöl zum Bestreichen

Für die Creme:
200 g Melonenfruchtfleisch
75 g Zucker
1 Päckchen Vanillezucker
8 Blatt weiße Gelatine
300 g Vanillequark
600 ml Sahne

Außerdem:
500 g Melonenfruchtfleisch
250 ml Wasser
50 g Zucker
6 Blatt weiße Gelatine
Puderzucker zum Bestäuben
Pfefferminzblättchen zum Garnieren

Tipp:

Rührschüsseln sollten Sie mehrere zuhause haben, mindestens eine zum Anrühren des Teiges und eine hohe, schmale zum Schlagen von Eiweiß und Sahne. Entscheidend ist nicht das Material – Rührschüsseln gibt es aus Metall, Emaille, Steingut oder Kunststoff wichtig ist ein glatter, abgerundeter Boden und die Hitzebeständigkeit, denn manche Teige, Cremes usw. müssen über Wasserdampf aufgeschlagen werden.

Pro Portionen:
Für ca. 12–14 Stücke:

Schwierigkeit:
mittel

Zubereitungszeit:
35 Minuten ohne Wartezeit

ZUBEREITUNG

1. Die Zimtkekse grob reiben oder fein hacken, mit der weichen Butter in eine Schüssel geben, verrühren und verkneten.

2. Einen Tortenring (26 cm Durchmesser) innen mit Sonnenblumenöl bestreichen und ihn auf eine mit Backpapier belegte Tortenplatte setzen. Die Keksmasse einfüllen, andrücken und fest werden lassen.

3. Das Melonenfruchtfleisch pürieren, mit dem Zucker und dem Vanillezucker in einem Topf erwärmen. Die gut gewässerte, ausgedrückte Gelatine darin auflösen, vom Herd nehmen und erkalten lassen.

4. Kurz vor dem Festwerden den Vanillequark kräftig unterrühren und die geschlagene Sahne unterziehen.

5. Die Masse auf den Bröselboden geben, so glatt streichen, dass in der Mitte eine Mulde entsteht. Die Torte im Kühlschrank – am besten über Nacht – vollständig erstarren lassen.

6. Das Melonenfruchtfleisch in grobe Würfel schneiden, mit dem Wasser und dem Zucker in einen Topf geben und erhitzen. Die gut gewässerte, ausgedrückte Gelatine darin auflösen, vom Herd nehmen und erkalten lassen.

7. Kurz vor dem Festwerden das Melonenkompott auf die Torte geben, vorsichtig glatt streichen und im Kühlschrank vollständig auskühlen lassen.

8. Die Melonentorte aus dem Kühlschrank nehmen, den Tortenring und das Backpapier entfernen.

9. Die Torte auf eine Tortenplatte setzen, den Rand mit Puderzucker bestäuben, die Torte mit Pfefferminzblättchen garnieren und bis zum Verzehr kühl stellen.

Ananas-Melonen-Kuchen

ZUTATEN

2 Lagen Wiener Boden, dunkel (26 cm Ø, Fertigprodukt)
150 g Himbeermarmelade
2 Dosen Ananasscheiben (à 340 g Abtropfgewicht)
400 ml Sahne
2 Päckchen Sahnesteif
Zucker nach Geschmack
1 Honigmelone
1 Päckchen Tortenguss klar
250 ml Ananassaft
100 g Aprikosenmarmelade
Mandelblättchen zum Bestreuen
Zitronenmelisse zum Garnieren

Pro Portionen:
Für ca. 12–14 Stücke:

Schwierigkeit:
mittel

Zubereitungszeit:
30 Minuten
ohne Wartezeit

ZUBEREITUNG

1. Die Wiener Böden mit der Himbeermarmelade bestreichen. Einen Boden auf eine Tortenplatte legen und mit einem Tortenring umschließen.

2. Die Ananasscheiben gut abtropfen lassen und auf dem Tortenboden verteilen, dabei immer zwei Scheiben übereinanderlegen.

3. Die Sahne mit dem Sahnesteif steif schlagen, mit Zucker nach Geschmack süßen und in die Ananasscheiben füllen.

4. Den zweiten Boden mit der Marmeladenseite nach oben darauflegen.

5. Aus der entkernten Melone Kugeln ausstechen und diese auf dem Biskuit verteilen.

6. Den Tortenguss mit dem Ananassaft nach Packungsanweisung zubereiten und die Melonenkugeln damit überziehen. Den Guss fest werden lassen und den Tortenring entfernen.

7. Den Kuchenrand mit der glatt gerührten Aprikosenmarmelade bestreichen und mit Mandelblättchen bestreuen. Den Ananas-Melonen-Kuchen mit Zitronenmelisse garnieren und servieren.

Schnelle Erdbeertorte

(ohne Abbildung)

ZUTATEN

1 Lage Wiener Boden, dunkel (26 cm Ø, Fertigprodukt)
750 g kleine Erdbeeren
400 ml Sahne
1 Päckchen Sahnesteif
Zucker nach Geschmack
Kakaopulver zum Bestäuben

Pro Portionen:
Für ca. 12–14 Stücke:

Schwierigkeit:
leicht

Zubereitungszeit:
15 Minuten
ohne Wartezeit

ZUBEREITUNG

1. Den Wiener Boden auf eine Tortenplatte legen und mit einem Tortenring umschließen.

2. Die Erdbeeren verlesen, waschen, trocken tupfen und auf den Biskuit legen.

3. Die Sahne mit dem Sahnesteif steif schlagen, mit Zucker nach Geschmack süßen, in einen Spritzbeutel mit großer Lochtülle füllen und die Erdbeeren mit Sahnetupfen überziehen.

4. Die Torte im Kühlschrank gut durchkühlen lassen, anschließend den Tortenring entfernen. Die Erdbeertorte mit Kakaopulver bestäuben und servieren.

Kirschtorte mit Knusperboden

ZUTATEN

Für den Bröselboden:
200 g Vollmilch-Kuvertüre
120 g Cornflakes

Für den Belag:
2 Päckchen Mousse à la Vanille (Fertigprodukt)
500 ml Milch
300 g Kirschen

Außerdem:
200 ml Sahne
1 Päckchen Sahnesteif
Zucker nach Geschmack
frische Kirschen, Schokocrossies und Melisseblättchen zum Garnieren

Tipp:

Zum leichteren Einfüllen der Masse in den Spritzbeutel stecken Sie ihn in ein leeres, hohes Gefäß, schlagen den Rand um und füllen die Spritzmasse mit dem Gummischaber ein.

Pro Portionen:
Für ca. 12–14 Stücke:

Schwierigkeit:
leicht

Zubereitungszeit:
30 Minuten
ohne Wartezeit

ZUBEREITUNG

1. Die Vollmilch-Kuvertüre im Wasserbad oder auf dem Herd schmelzen lassen.

2. Die Cornflakes einstreuen und solange rühren, bis die Cornflakes ganz mit Kuvertüre überzogen sind.

3. Eine Springform (26 cm Ø) mit Backpapier auslegen und zwei Drittel der Schoko-Cornflakes gleichmäßig darauf verteilen, leicht andrücken und im Kühlschrank erkalten lassen.

4. Die restlichen Cornflakes zu Schokocrossies formen, auf Backpapier setzen und ebenfalls im Kühlschrank erkalten lassen.

5. Die Vanille-Mousse mit der Milch nach Packungsanweisung zubereiten, auf den Tortenboden streichen und kalt stellen.

6. Die Kirschen waschen, entsteinen, gut abtropfen lassen und auf der Vanille-Mousse verteilen. Die Sahne mit dem Sahnesteif steif schlagen, mit Zucker nach Geschmack süßen, in einen Spritzbeutel füllen und auf die Torte dressieren.

7. Den Springformrand vorsichtig entfernen, die Kirschtorte auf eine Tortenplatte setzen, mit den Schokocrossies belegen, mit Melisseblättchen garnieren und bis zum Verzehr kühl aufbewahren.

Vollkorntorte mit roten Trauben

ZUTATEN

Für den Boden:
225 g Vollkorn-Butterkekse
150 g weiche Butter
Sonnenblumenöl zum Bestreichen

Für die Creme:
150 ml Milch
4 Päckchen Vanillezucker
25 g Zucker
7 Blatt weiße Gelatine
400 g Frischkäse
500 ml Sahne
400 g rote Weintrauben

Außerdem:
50 g rote Weintrauben
1 Eiweiß
Zucker zum Wenden
50 g Schokoladenglasur

Tipp:
Für die Weintraubentorte sollten Sie immer kernlose Trauben verwenden. Falls Sie diese nicht bekommen, so sollten Sie die Weintrauben immer entkernen.

Pro Portionen:
Für ca. 12–14 Stücke:

Schwierigkeit:
leicht

Zubereitungszeit:
30 Minuten
ohne Wartezeit

ZUBEREITUNG

1. Die Vollkorn-Butterkekse grob reiben oder fein hacken, mit der weichen Butter in eine Schüssel geben, verrühren und verkneten.

2. Einen Tortenring (26 cm Durchmesser) innen mit Sonnenblumenöl bestreichen und ihn auf eine mit Backpapier belegte Tortenplatte setzen. Die Keksmasse einfüllen, fest andrücken und starr werden lassen.

3. Die Milch mit dem Vanillezucker und dem Zucker in einem Topf erwärmen. Die gut gewässerte, ausgedrückte Gelatine darin vollständig auflösen, vom Herd nehmen und erkalten lassen.

4. Den Frischkäse glatt rühren und ihn kurz vor dem Festwerden der Creme unterrühren, anschließend die steif geschlagene Sahne unterziehen.

5. Die Weintrauben verlesen, waschen, trocken tupfen, unter die Creme heben, die Creme auf den Bröselboden geben, glatt streichen und im Kühlschrank – am besten über Nacht – vollständig erstarren lassen.

6. Die Torte aus dem Kühlschrank nehmen, den Tortenring und das Backpapier entfernen und die Torte auf eine Tortenplatte setzen.

7. Die restlichen Weintrauben verlesen, waschen, halbieren, mit dem verschlagenen Eiweiß bestreichen, in Zucker wenden und dekorativ auf die Torte setzen.

8. Die Schokoladenglasur nach Packungsanweisung schmelzen, in einen kleinen Spritzbeutel füllen, ein dekoratives Muster auf die Torte dressieren und die Torte bis zum Verzehr kühl stellen.

Pumpernickel-Kirschtorte

ZUTATEN

Für den Bröselboden:
100 g gemahlene Haselnüsse
150 g Pumpernickel
250 g weiße Kuvertüre
Öl für die Form

Für die Creme:
500 g Quark
40 ml Kirschwasser
100 g Zucker
10 Blatt weiße Gelatine
400 ml Sahne

Außerdem:
1 großes Glas Schattenmorellen
1 Päckchen Tortenguss rot
1 EL Zucker
geraspelte, weiße Schokolade
gehackte Pistazien zum Bestreuen

ZUBEREITUNG

1. Die gemahlenen Haselnüsse und den fein geriebenen Pumpernickel in eine Schüssel geben. Die Kuvertüre hacken, in einer feuerfesten Schüssel im Wasserbad schmelzen lassen.

2. Mit den Haselnüssen und dem Pumpernickel vermischen. Einen Tortenring auf eine Tortenplatte setzen, diese mit etwas Öl bestreichen, die Masse einfüllen und glatt streichen. Gut andrücken und erkalten lassen.

3. Für die Füllung den Quark mit dem Kirschwasser und dem Zucker in einer Schüssel so lange rühren, bis sich der Zucker vollständig aufgelöst hat.

4. Die gut gewässerte Gelatine ausdrücken und in wenig Wasser auflösen, unter die Quarkmasse ziehen.

5. Die Sahne steif schlagen und vorsichtig unterheben. Zwei Drittel der Creme auf den Tortenboden geben und glatt streichen. Die restliche Quarksahne in einen Spritzbeutel füllen und die Torte damit garnieren. Im Kühlschrank erstarren lassen. Herausnehmen und den Tortenring abnehmen.

6. Die Schattenmorellen abgießen und gut abtropfen lassen. 250 ml Kirschsaft abmessen, mit dem roten Tortenguss und dem Zucker in einem Topf aufkochen lassen.

7. Die Kirschen einrühren, vom Herd nehmen und erkalten lassen. Kurz vor dem Festwerden auf der Torte verteilen. Die Torte mit geraspelter weißer Schokolade und gehackten Pistazien bestreuen und bis zum Verzehr kühl aufbewahren.

Tipp:

Wenn Sie für den Kuchen keinen Alkohol verwenden möchten, so sollten Sie diesen durch Fruchtsaft oder -sirup ersetzen.

Pro Portionen:
Für ca. 12–14 Stücke:

Schwierigkeit:
leicht

Zubereitungszeit:
30 Minuten
ohne Wartezeit

Schweizer Schümli-Torte

ZUTATEN

1 Lage Wiener Boden, hell (26 cm Ø, Fertigprodukt)
100 g Himbeermarmelade
100 ml Milch
2 gestrichene TL Kakaopulver
1 EL Instantkaffee
1 Päckchen Vanillezucker
50 g Zucker
9 Blatt weiße Gelatine
450 g Gourmet-Dessert Schokogenuss
800 ml Sahne
1 Päckchen Sahnesteif
Zucker, 2 TL Instantkaffee
Kakaopulver, Puderzucker und Schokoladenstäbchen

Pro Portionen:
Für ca. 12–14 Stücke:

Schwierigkeit:
leicht

Zubereitungszeit:
25 Minuten ohne Wartezeit

ZUBEREITUNG

1. Den Wiener Boden mit der Himbeermarmelade bestreichen, auf eine Tortenplatte legen und mit einem Tortenring umschließen.

2. Für die Creme die Milch mit dem gesiebten Kakaopulver, dem Instantkaffee, dem Vanillezucker und dem Zucker erwärmen.

3. Die gewässerte, ausgedrückte Gelatine darin auflösen und das Gourmet-Dessert unterrühren. 600 ml Sahne steif schlagen und unterheben.

4. Die Creme auf den Biskuit geben, glatt streichen und im Kühlschrank fest werden lassen.

5. Anschließend den Tortenring entfernen. 200 ml Sahne mit dem Sahne-steif steif schlagen, mit Zucker nach Geschmack süßen, den Instantkaffee unterrühren und die Torte damit rundherum überziehen.

6. Die restliche Sahne in einen Spritzbeutel mit Lochtülle füllen und Tupfen auf die Torte spritzen. Die Torte mit Kakaopulver und Puderzucker bestäuben, mit Schokoladenstäbchen garnieren und servieren.

Erdbeershaketorte

(ohne Abbildung)

ZUTATEN

200 g Früchtekekse
125 g weiche Butter
250 ml Milch, 75 g Zucker
8 Blatt Gelatine, 600 ml Sahne
250 g Erdbeeren
Puderzucker zum Bestäuben
Feingebäck, Erdbeeren und Minze zum Garnieren

Pro Portionen:
Für ca. 12–14 Stücke:

Schwierigkeit:
leicht

Zubereitungszeit:
25 Minuten ohne Wartezeit

ZUBEREITUNG

1. Eine Tortenplatte mit Backpapier belegen und einen Tortenring (26 cm Durchmesser) daraufstellen.

2. Das Feingebäck fein zerreiben, mit der weichen Butter zu einem Bröselteig verarbeiten und diesen fest in die Form drücken.

3. Die Milch mit dem Zucker leicht erwärmen und die gewässerte, ausgedrückte Gelatine darin auflösen. Die geschlagene Sahne und die verlesenen, klein geschnittenen Erdbeeren unterheben.

4. Die Masse auf dem Bröselboden verteilen und glatt streichen. Im Kühlschrank fest werden lassen.

5. Den Tortenring entfernen und das Backpapier nach vorne herausziehen. Die Torte mit Puderzucker bestäuben, mit Feingebäck, Erdbeeren und Minze verzieren, dekorativ anrichten und servieren.

Pina-Colada-Torte

ZUTATEN

Öl für die Form
180 g Zwieback
130 g sehr weiche Butter
50 g brauner Zucker
4 cl brauner Rum
150 ml Ananassaft
2 EL Kokosnusscreme
100 g Ananas aus der Dose
8 Blatt weiße Gelatine
800 ml Sahne
frisch geriebene Kokosraspel zum Bestreuen
Ananasscheiben und Kokoskonfekt zum Garnieren

Pro Portionen:
Für ca. 12–14 Stücke:

Schwierigkeit:
leicht

Zubereitungszeit:
30 Minuten
ohne Wartezeit

ZUBEREITUNG

1. Den Ring einer Blütenform (26 cm Ø) mit Öl bestreichen und auf eine mit Backpapier belegte Tortenplatte stellen.

2. Die Zwiebäcke zerdrücken, mit der weichen Butter zu einem Bröselteig verkneten, den Teig in die Form füllen und fest andrücken.

3. Den Zucker mit dem Rum, dem Ananassaft und der Kokosnusscreme erwärmen. Die Ananas pürieren und dazugeben.

4. Die gewässerte, ausgedrückte Gelatine darin auflösen. Die Sahne steif schlagen und unterheben.

5. Die Creme in den Tortenring füllen, glatt streichen und im Kühlschrank fest werden lassen. Anschließend den Tortenring und das Backpapier entfernen.

6. Die Pina-Colada-Torte mit frisch geriebenen Kokosraspeln bestreuen, mit Ananasscheiben und Kokoskonfekt garnieren und servieren.

Gartenbeeren-Torte

(ohne Abbildung)

ZUTATEN

2 Lagen Wiener Boden, hell (26 cm Ø, Fertigprodukt)
150 g Himbeermarmelade
250 g gemischte Beeren
100 g Zucker
Saft von 1 Zitrone
7 Blatt weiße Gelatine
250 g Quark, 400 ml Sahne
750 g gemischte Beeren
1 Päckchen Tortenguss klar
50 g Himbeermarmelade
Mandelblättchen zum Bestreuen

ZUBEREITUNG

1. Die Wiener Böden mit Himbeermarmelade bestreichen, einen Boden auf eine Tortenplatte legen und mit einem Tortenring umschließen.

2. Für die Creme die verlesenen, gewaschenen und gut abgetropften Beeren mit dem Zucker und dem Zitronensaft erwärmen. Die gewässerte, ausgedrückte Gelatine darin auflösen.

3. Den Quark unterrühren, die Sahne steif schlagen und unterheben. Die Creme auf den Biskuit streichen, den zweiten Boden mit der Marmeladenseite nach oben darauflegen und mit den übrigen verlesenen, gewaschenen und gut abgetropften Beeren belegen.

4. Den Tortenguss nach Packungsanweisung zubereiten, die Beeren damit überziehen und den Guss fest werden lassen.

5. Den Tortenring entfernen, den Tortenrand mit Himbeermarmelade bestreichen und die Mandelblättchen andrücken. Die Gartenbeeren-Torte bis zum Verzehr kühl aufbewahren.

Pro Portionen:
Für ca. 12–14 Stücke:

Schwierigkeit:
leicht

Zubereitungszeit:
25 Minuten
ohne Wartezeit

Kirsch-Sahne-Torte

ZUTATEN

1 Lage Wiener Boden, hell (26 cm Ø, Fertigprodukt)
50 g Kirschmarmelade

Für die Creme:
500 g Mascarpone
4 cl Kirschwasser, 125 g Zucker
8 Blatt Gelatine, 400 ml Sahne

Außerdem:
1 Glas Schattenmorellen (270 g Abtropfgewicht)
50 g Zucker, 2 Blatt Gelatine
Puderzucker zum Bestäuben
Kirschen und Melisseblättchen zum Verzieren

Pro Portionen:
Für ca. 12–14 Stücke:

Schwierigkeit:
leicht

Zubereitungszeit:
25 Minuten
ohne Wartezeit

ZUBEREITUNG

1. Den Wiener Boden mit Kirschmarmelade bestreichen, auf eine Tortenplatte legen und mit einem Tortenring umschließen.

2. Den Mascarpone mit dem Kirschwasser und dem Zucker in eine Schüssel geben und glatt rühren. Die gut gewässerte Gelatine in wenig heißem Wasser auflösen und tropfenweise unter die Creme rühren. Die Sahne steif schlagen und unterheben.

3. Die Schattenmorellen abgießen, den Saft auffangen, 200 ml abmessen und den Saft mit dem Zucker in einem Topf erwärmen.

4. Die gut gewässerte, ausgedrückte Gelatine darin auflösen, die Kirschen untermischen, vom Herd nehmen und erkalten lassen.

5. Die Mascarponecreme auf dem Boden glatt streichen, die Kirschen darauf verteilen und vorsichtig unter die Creme ziehen.

6. Die Kirsch-Sahne-Torte im Kühlschrank – am besten über Nacht – vollständig durchkühlen lassen.

7. Die Torte aus dem Kühlschrank nehmen und den Tortenring entfernen. Die Torte mit Puderzucker bestäuben, mit Kirschen und Zitronenmelisseblättchen verzieren und bis zum Verzehr kühl stellen.

Pflaumen-Sahne-Torte

(ohne Abbildung)

ZUTATEN

2 Lagen Wiener Boden, hell (26 cm Ø, Fertigprodukt)
3–4 EL Pflaumenmarmelade

Für die Füllung:
700–800 g große Pflaumen
400 g Vanille-Sahnepudding (Fertigprodukt)
ausgeschabtes Mark von 1 Vanilleschote
8–10 Blatt weiße Gelatine
500 ml Sahne

Außerdem:
Pflaumen und Rosmarinzweige zum Verzieren

ZUBEREITUNG

1. Einen Wiener Boden am Rand etwa 2 cm kleiner schneiden. Den unteren Tortenboden mit der Pflaumenmarmelade bestreichen, auf eine Tortenplatte setzen und mit einem Tortenring umlegen.

2. Die Pflaumen waschen, halbieren, entsteinen und auf den Tortenboden setzen.

3. Den Vanillepudding mit dem Vanillemark verrühren. Die gut gewässerte Gelatine in wenig heißem Wasser auflösen und unter den Pudding ziehen. Die Sahne steif schlagen und unterheben.

4. Die Hälfte der Puddingsahne auf die Pflaumen geben und glatt streichen. Den zweiten Tortenboden daraufsetzen, mit der Hälfte der Puddingsahne bestreichen und die Torte im Kühlschrank fest werden lassen.

5. Die Torte herausnehmen und den Tortenring entfernen. Den Tortenrand mit Puddingsahne bestreichen, die restliche Creme in einen Spritzbeutel mit Sterntülle füllen und auf die Torte dressieren.

6. Die Pflaumentorte mit Vanillecreme mit frischen Pflaumen und Rosmarinzweigen verzieren und bis zum Verzehr kühl stellen.

Pro Portionen:
Für ca. 12–14 Stücke:

Schwierigkeit:
leicht

Zubereitungszeit:
30 Minuten ohne Wartezeit

Sahnetorte Tuttifrutti

ZUTATEN

150 g Cornflakes
120 g flüssige Butter
Rapsöl zum Bestreichen
Backpapier für die Tortenplatte

Außerdem:
2 Dosen Fruchtcocktail (270 g Abtropfgewicht)
75 g Zucker
1 Päckchen Zitronenaroma
9 Blatt weiße Gelatine
300 g Frischkäse
800 ml Sahne
300 ml Fruchtsaft, 50 g Zucker
3 Blatt weiße Gelatine

Pro Portionen:
Für ca. 12–14 Stücke:

Schwierigkeit:
leicht

Zubereitungszeit:
25 Minuten
ohne Wartezeit

ZUBEREITUNG

1. Die Cornflakes mit der flüssigen Butter in eine Schüssel geben und gut verkneten. Einen Tortenring (26 cm Ø) mit Rapsöl bestreichen und ihn auf eine mit Backpapier belegte Tortenplatte setzen. Die Masse einfüllen, andrücken und fest werden lassen.

2. Den Fruchtcocktail über einem Sieb abgießen und den Saft dabei auffangen. 150 ml Fruchtsaft abmessen und diesen mit dem Zucker und dem Zitronenaroma in einem Topf erwärmen.

3. Die gut gewässerte, ausgedrückte Gelatine darin auflösen, vom Herd nehmen und erkalten lassen. Kurz vor dem Festwerden den Frischkäse unterrühren und die geschlagene Sahne unterziehen.

4. Die Masse auf den Boden geben, glatt streichen und die Früchte gleichmäßig darüber verteilen. Die Torte im Kühlschrank – am besten über Nacht – vollständig durchkühlen lassen.

5. Den Fruchtsaft mit dem Zucker erwärmen, die gut gewässerte, ausgedrückte Gelatine darin auflösen, das Ganze auf den Früchten verteilen und erneut durchkühlen lassen.

6. Anschließend die Torte aus dem Kühlschrank nehmen, den Tortenring und das Backpapier entfernen und die Torte bis zum Verzehr kühl stellen.

Feigen-Hagebutten-Torte

(ohne Abbildung)

ZUTATEN

2 Lagen helle Wiener Böden (26 cm Ø, Fertigprodukt)
200 g Hagebuttenmarmelade
10 frische Feigen
250 g Mascarpone
50 g Zucker
Saft von ½ Orange
1 Prise Zimt
10 Blatt weiße Gelatine
800 ml Sahne
1 Päckchen Sahnesteif
2 EL Zucker
Kokoskrokant zum Bestreuen
frische Feigen zum Verzieren

ZUBEREITUNG

1. Die Wiener Böden mit je 50 g Hagebuttenmarmelade bestreichen. Einen Boden auf eine Tortenplatte setzen und mit einem Tortenring umschließen.

2. Die Feigen waschen, trocken tupfen, halbieren und mit der Schnittfläche nach außen an den Tortenring stellen.

3. Für die Füllung den Mascarpone mit dem Zucker, der restlichen Marmelade, dem Orangensaft und dem Zimt in eine Schüssel geben und glatt rühren.

4. Die gut gewässerte Gelatine in wenig heißem Wasser auflösen und unter die Hagebuttencreme ziehen. 600 ml Sahne steif schlagen und unter die Hagebuttencreme heben.

5. Die Hälfte der Creme so auf den Tortenboden streichen, dass in der Mitte eine Mulde entsteht. Den zweiten Biskuitboden darauflegen, leicht andrücken, die restliche Creme darauf verteilen und glatt streichen.

6. Die Feigen-Hagebutten-Torte im Kühlschrank gut durchkühlen lassen. Anschließend die Torte aus dem Kühlschrank nehmen und den Tortenring entfernen.

7. Die restliche Sahne mit dem Sahnesteif steif schlagen, mit Zucker süßen, in einen Spritzbeutel mit Sterntülle füllen und auf die Torte dressieren.

8. Die Feigen-Hagebutten-Torte mit dem Kokoskrokant bestreuen, mit frischen Feigenvierteln verzieren und bis zum Verzehr kühl aufbewahren.

Pro Portionen:
Für ca. 12–14 Stücke:

Schwierigkeit:
leicht

Zubereitungszeit:
30 Minuten ohne Wartezeit

Orangen-Frischkäse-Torte

ZUTATEN

1 Lage Wiener Boden, dunkel (26 cm Ø, Fertigprodukt)
100 ml Orangensaft
50 g Zucker
4 Blatt weiße Gelatine
400 g Frischkäse
200 ml Sahne
2 Orangen
200 ml Orangensaft
3 Blatt weiße Gelatine

Pro Portionen:
Für ca. 12–14 Stücke:

Schwierigkeit:
leicht

Zubereitungszeit:
25 Minuten
ohne Wartezeit

ZUBEREITUNG

1. Den Wiener Boden auf eine Tortenplatte legen und mit einem Tortenring umschließen.

2. Den Orangensaft mit dem Zucker erwärmen, die gewässerte, ausgedrückte Gelatine darin auflösen.

3. Den Frischkäse leicht unterrühren, die Sahne steif schlagen und unterheben. Die Creme auf dem Schokoboden verteilen, glatt streichen und im Kühlschrank fest werden lassen.

4. Die Orangen schälen, die Filets herauslösen und in Stücke schneiden. Mit dem Orangensaft in einen Topf geben und durchkochen lassen.

5. Die gewässerte, ausgedrückte Gelatine im noch warmen Orangenmus auflösen, das Mus auf die Torte geben und mit einem Löffel nach außen ziehen.

6. Das Mus im Kühlschrank fest werden lassen, anschließend den Tortenring entfernen. Die Torte in Stücke schneiden und servieren.

Festliche Himbeertorte

(ohne Abbildung)

ZUTATEN

2 Lagen helle Wiener Böden (26 cm Ø, Fertigprodukt)
200 g Himbeeren (TK-Produkt)
50 g Zucker
9 Blatt weiße Gelatine
250 g Frischkäse
600 ml Sahne
Puderzucker zum Bestäuben
Mandelblättchen zum Bestreuen
200 g Marzipanrohmasse
1 EL Puderzucker
einige Tropfen rote Speisefarbe

ZUBEREITUNG

1. Einen Wiener Boden auf eine Tortenplatte legen und mit einem Tortenring umschließen.

2. Die Himbeeren mit dem Zucker erwärmen. Die gewässerte Gelatine darin auflösen, erkalten lassen und den Frischkäse unterrühren. Die Sahne steif schlagen und unterheben.

3. Die Hälfte der Creme auf dem Tortenboden glatt streichen, den zweiten Boden darauflegen, die restliche Creme darauf glatt streichen und im Kühlschrank fest werden lassen. Anschließend den Tortenring entfernen.

4. Aus Karton Herzen ausschneiden, diese auf die Torte legen und mit Puderzucker bestäuben. Die Herzen vorsichtig abnehmen. Den unteren Tortenrand mit Mandelblättchen bestreuen.

5. Die Marzipanrohmasse mit dem gesiebten Puderzucker verkneten, mit Speisefarbe rot einfärben, Herzen formen und mit einem Pinsel rote Speisefarbe daraufstreichen.

6. Die Torte mit den Marzipanherzen verzieren und bis zum Verzehr kühl stellen.

Pro Portionen:
Für ca. 12–14 Stücke:

Schwierigkeit:
leicht

Zubereitungszeit:
35 Minuten ohne Wartezeit

Mango-Frischkäse-Torte

ZUTATEN

Für den Boden:
225 g Löffelbiskuits
150 g weiche Butter
Rapsöl zum Bestreichen

Für die Creme:
1 Mango, Saft von 1 Zitrone
75 g Zucker
8 Blatt weiße Gelatine
500 g Frischkäse
500 ml Sahne

Außerdem:
12 Löffelbiskuits
4 cl Kokoslikör, 1 Mango
50 g Löffelbiskuits
Zitronenmelisseblättchen zum Garnieren

Pro Portionen:
Für ca. 12–14 Stücke:

Schwierigkeit:
leicht

Zubereitungszeit:
30 Minuten
ohne Wartezeit

ZUBEREITUNG

1. Die Löffelbiskuits grob reiben oder fein hacken, mit der weichen Butter in eine Schüssel geben, verrühren und verkneten. Einen Tortenring (26 cm Durchmesser) innen mit Rapsöl bestreichen und ihn auf eine mit Backpapier belegte Tortenplatte setzen. Die Masse einfüllen, fest andrücken und starr werden lassen.

2. Die Mango dünn schälen, das Fruchtfleisch vom Kern lösen, in Würfel schneiden und mit dem Zitronensaft pürieren. Das Mangopüree mit dem Zucker in einen Topf geben und erwärmen. Die gut gewässerte, ausgedrückte Gelatine darin auflösen, vom Herd nehmen und erkalten lassen.

3. Kurz vor dem Festwerden den Frischkäse kräftig unterrühren und die geschlagene Sahne unterziehen. Die Hälfte der Creme auf den Bröselboden geben, glatt streichen, mit Löffelbiskuits belegen und diese mit Kokoslikör beträufeln. Die restliche Creme darauf verteilen, glatt streichen und im Kühlschrank – am besten über Nacht – erstarren lassen.

4. Die Torte aus dem Kühlschrank nehmen, den Tortenring und das Backpapier entfernen und die Torte auf eine Tortenplatte setzen. Die Mango dünn schälen, das Fruchtfleisch vom Kern lösen, in Würfel schneiden und in der Mitte der Torte verteilen.

5. Die restlichen Löffelbiskuits grob zerreiben, den Rand der Torte und die Mangofrüchte damit bestreuen, mit Zitronenmelisseblättchen garnieren und die Torte bis zum Verzehr kühl stellen.

Orangen-Sahne-Torte

(ohne Abbildung)

ZUTATEN

1 Lage heller Wiener Boden (26 cm Ø, Fertigprodukt)
50 g Orangenmarmelade
600 ml Sahne
1 Päckchen Vanillezucker
6 EL Orangenmarmelade
abgeriebene Schale von 1 Zitrone
4 cl Orangenlikör
200 g Frischkäse
6 Blatt Gelatine, 200 ml Sahne
1 Päckchen Sahnesteif
Zucker nach Geschmack
Schokostreusel und Orangenscheiben

ZUBEREITUNG

1. Den Wiener Boden auf eine Tortenplatte legen, mit einem Tortenring umschließen und mit der Orangenmarmelade bestreichen.

2. Für die Füllung die Sahne mit dem Vanillezucker in eine Schüssel geben und steif schlagen. Die Orangenmarmelade, die Zitronenschale und den Orangenlikör mit dem Frischkäse glatt rühren, zur Sahne geben und einrühren.

3. Die gewässerte Gelatine in wenig heißem Wasser auflösen und unter die Creme ziehen.

4. Die Orangencreme auf den Biskuitboden geben und glatt streichen. Anschließend die Torte im Kühlschrank vollständig durchkühlen lassen. Die Torte aus dem Kühlschrank nehmen und den Tortenring vorsichtig entfernen.

5. Die Sahne mit dem Sahnesteif steif schlagen, mit Zucker süßen und die Torte damit rundherum überziehen.

6. Die restliche Sahne in einen Spritzbeutel mit Sterntülle füllen und auf die Torte dressieren.

7. Die Orangen-Sahne-Torte mit Schokoladenstreuseln bestreuen, mit Orangenscheiben verzieren und bis zum Verzehr kühl aufbewahren.

Pro Portionen:
Für ca. 12–14 Stücke:

Schwierigkeit:
leicht

Zubereitungszeit:
25 Minuten ohne Wartezeit

Schoko-Philadelphia-Torte

ZUTATEN

Für den Bröselboden:
250 g Gewürzspekulatius
100 g Butter

Für die Creme:
500 g Doppelrahmfrischkäse
500 g Magerquark
200 g Zucker
4 EL Honig
1–2 EL Zimt
8 cl Amaretto
10–12 Blatt weiße Gelatine
200 ml Sahne
1 TL Kakaopulver

Außerdem:
100 g Spekulatius
Puderzucker zum Bestäuben

Tipp:
Wenn Sie keinen Amaretto für die Creme verwenden möchten, so geben Sie einfach Mandelaroma zur Füllung.

ZUBEREITUNG

1. Die Spekulatius in einen Frischhaltebeutel geben und mit einem Nudelholz zerkrümeln.

2. Die Butter in einem Topf schmelzen lassen, zu den Bröseln geben und vermischen.

3. Einen Tortenring (26 cm Ø) auf eine Tortenplatte stellen. Den Krümelteig gleichmäßig einfüllen und andrücken. Den Tortenboden im Kühlschrank fest werden lassen.

4. Für die Creme den Doppelrahmfrischkäse mit dem Magerquark, dem Zucker, dem Honig, dem Zimt und dem Amaretto in eine Schüssel geben und glatt rühren.

5. Die gut gewässerte Gelatine ausdrücken, in wenig heißem Wasser auflösen und unter die Creme ziehen.

6. Die Sahne steif schlagen, den gesiebten Kakao einrühren und so unter die Frischkäsecreme ziehen, dass ein Marmormuster entsteht.

7. Den Tortenboden aus dem Kühlschrank nehmen, die Creme einfüllen und glatt streichen. Im Kühlschrank fest werden lassen. Anschließend den Tortenring entfernen.

8. Die Spekulatius in einem Klarsichtbeutel mit einem Nudelholz zerbröseln und die Brösel auf die Torte streuen. Die Torte mit Puderzucker bestäuben.

9. Die Schoko-Philadelphia-Torte dekorativ anrichten, garnieren und servieren.

Pro Portionen:
Für ca. 12–14 Stücke:

Schwierigkeit:
leicht

Zubereitungszeit:
30 Minuten
ohne Wartezeit

Cornflakestorte mit Ananas

ZUTATEN

Für den Boden:
100 ml Sahne
200 g Kuchenglasur Vollmilch
100 g Cornflakes
Sonnenblumenöl zum Bestreichen
2 Dosen Ananas (je 340 g Abtropfgewicht)

Für die Creme:
150 ml Ananassaft
Saft von 1 Zitrone
50 g Zucker
9 Blatt weiße Gelatine
400 g Doppelrahmfrischkäse
400 ml Sahne

Außerdem:
1 Babyananas
50 g geraspelte Vollmilchschokolade

Tipp:
So teilen Sie einen Tortenboden in zwei Platten: Ritzen Sie den Boden am Rand ringsum gleichmäßig ein, legen Sie einen Bindfaden in die Schnittlinie und ziehen Sie die Enden des Fadens über Kreuz zusammen.

Pro Portionen:
Für ca. 12–14 Stücke:

Schwierigkeit:
leicht

Zubereitungszeit:
30 Minuten
ohne Wartezeit

ZUBEREITUNG

1. Die Marzipanrohmasse mit dem Die Sahne mit der Kuchenglasur in einen Topf geben, erwärmen und die Glasur darin vollständig schmelzen, vom Herd nehmen und die zerdrückten Cornflakes einrühren.

2. Einen Tortenring (26 cm Durchmesser) innen mit Sonnenblumenöl bestreichen und ihn auf eine mit Backpapier belegte Tortenplatte setzen. Die Cornflakesmasse einfüllen, verstreichen und fest werden lassen.

3. Die Ananas gut abtropfen lassen und den Saft auffangen, je zwei Ananasscheiben übereinander auf den Bröselboden legen.

4. Den Ananassaft mit dem Zitronensaft und dem Zucker in einem Topf erwärmen. Die gut gewässerte, ausgedrückte Gelatine darin auflösen, vom Herd nehmen und erkalten lassen.

5. Kurz vor dem Festwerden den glatt gerührten Doppelrahmfrischkäse kräftig unterrühren und die geschlagene Sahne unterziehen.

6. Die Creme auf die Ananasscheiben geben, glatt streichen und im Kühlschrank – am besten über Nacht – vollständig erstarren lassen.

7. Die Torte aus dem Kühlschrank nehmen, den Tortenring und das Backpapier entfernen und die Torte auf eine Tortenplatte setzen.

8. Die Babyananas schälen, den Strunk herausschneiden, die Ananas in Scheiben schneiden und die Scheiben vierteln.

9. Diese dekorativ auf der Torte anrichten, mit der geraspelten Vollmilchschokolade bestreuen und die Torte bis zum Verzehr kühl stellen.

Apfel-Karamell-Torte

ZUTATEN

2 Lagen heller Wiener Boden (26 cm Ø, Fertigprodukt)

Für die Creme:
100 g Zucker, 200 ml Milch
300 g Apfelstückchen
8 Blatt weiße Gelatine
200 g Frischkäse
600 ml Sahne

Außerdem:
200 ml Sahne
1 Päckchen Sahnesteif
50 g weiße Kuvertüreraspel
30 g Honig
1 Apfel, in dünne Scheiben geschnitten

Pro Portionen:
Für ca. 12–14 Stücke:

Schwierigkeit:
mittel

Zubereitungszeit:
30 Minuten ohne Wartezeit

ZUBEREITUNG

1. Einen Wiener Boden auf eine Tortenplatte legen und mit einem Tortenring umschließen.

2. Für die Creme den Zucker in einem Topf goldgelb schmelzen lassen, mit der Milch ablöschen und so lange kochen, bis sich der Zucker aufgelöst hat.

3. Die Apfelstückchen dazugeben und ca. eine Minute kochen. Die Masse vom Herd nehmen und leicht abkühlen lassen.

4. Die gut gewässerte Gelatine ausdrücken und in dem Apfelkaramell auflösen.

5. Den Frischkäse leicht unterrühren. Die Sahne steif schlagen und unter die abgekühlte Apfelcreme heben.

6. Die Apfelcreme auf dem Tortenboden glatt streichen und mit dem zweiten Wiener Boden abdecken. Die Torte im Kühlschrank – am besten über Nacht – fest werden lassen. Anschließend den Tortenring entfernen.

7. Die Sahne mit dem Sahnesteif steif schlagen und etwas Sahne in einen Spritzbeutel mit Lochtülle füllen. Mit der restlichen Sahne die Torte rundherum bestreichen und mit Kuvertüreraspeln bestreuen.

8. Sahneornamente auf die Torte spritzen und die Zwischenräume mit Honig ausfüllen. Die Torte mit Apfelscheiben verzieren und bis zum Verzehr kühl stellen.

Erdbeer-Sekttorte

(ohne Abbildung)

ZUTATEN

1 Lage heller Wiener Boden (26 cm Ø, Fertigprodukt)
2 EL Erdbeermarmelade
100 g Zucker, 500 g Erdbeeren
200 g Frischkäse
200 ml Sekt
12 Blatt weiße Gelatine
800 ml Sahne
1 Päckchen Sahnesteif
Zucker nach Geschmack
Schokostreusel zum Bestreuen
frische Erdbeeren zum Verzieren

ZUBEREITUNG

1. Den Tortenboden auf eine Tortenplatte legen, mit einem Tortenring umschließen und mit Erdbeermarmelade bestreichen.

2. 50 g Zucker mit 250 g Erdbeeren im Mixer pürieren und mit dem Frischkäse verrühren. 100 ml Sekt erhitzen und sechs Blatt gewässerte, ausgedrückte Gelatine darin auflösen. Anschließend das Erdbeermark hinzufügen und unterrühren.

3. 600 ml Sahne steif schlagen. Die Hälfte der Sahne vorsichtig unter die Creme ziehen.

4. Die restlichen Erdbeeren verlesen, waschen, würfeln und in eine Schüssel geben. Restlichen Zucker mit 100 ml Sekt erhitzen und die restliche gewässerte, ausgedrückte Gelatine darin auf-

lösen. Die restliche geschlagene Sahne unterziehen. Die rote Creme auf den Tortenboden geben und glatt streichen.

5. Die weiße Creme darauf verteilen und glatt streichen. Die Torte im Kühlschrank vollständig durchkühlen lassen.

6. Die restliche Sahne mit dem Sahnesteif steif schlagen und mit Zucker nach Geschmack süßen. Den Tortenring entfernen, die Torte mit der Sahne dünn überziehen und Rosetten aufspritzen.

7. Den Rand der Torte mit den Schokoladenstreuseln bestreuen und die Oberfläche mit frischen Erdbeeren verzieren. Die Erdbeer-Sekttorte bis zum Verzehr kühl aufbewahren.

Pro Portionen:
Für ca. 12–14 Stücke:

Schwierigkeit:
mittel

Zubereitungszeit:
30 Minuten
ohne Wartezeit

Schoko-Birnen-Torte

ZUTATEN

2 Lagen Wiener Boden, dunkel
(26 cm Ø, Fertigprodukt)
100 g Himbeermarmelade
1 Dose Birnen
200 g Schokoladenpudding
Mark von 1 Vanilleschote
75 g Zucker, 1 EL Kakao
8 Blatt Gelatine, 600 ml Sahne
50 g Schokoblättchen
200 ml Sahne
1 Päckchen Sahnesteif
Zucker nach Geschmack
Zuckerstreusel zum Bestreuen
Zuckerherzen und Nasch-Dekor zum Verzieren

Pro Portionen:
Für ca. 12–14 Stücke:

Schwierigkeit:
leicht

Zubereitungszeit:
25 Minuten
ohne Wartezeit

ZUBEREITUNG

1. Einen Tortenboden auf eine Tortenplatte legen, mit einem Tortenring umschließen, mit Himbeermarmelade bestreichen und die Birnen auf den Biskuit legen.

2. Den Pudding mit dem Vanillemark, dem Zucker und dem gesiebten Kakao glatt rühren. Die gut gewässerte Gelatine in wenig heißem Birnensaft auflösen und unter die Creme ziehen.

3. Die Sahne steif schlagen und mit den Schokoblättchen unterheben. Die Hälfte der Creme auf die Birnen geben, glatt streichen und den zweiten Biskuitboden darauflegen. Die restliche Creme darauf glatt streichen und die Torte im Kühlschrank durchkühlen lassen.

4. Die Sahne mit dem Sahnesteif steif schlagen und mit Zucker süßen. Die Torte aus dem Kühlschrank nehmen und den Tortenring vorsichtig entfernen.

5. Den Tortenrand mit Sahne bestreichen und mit Zuckerstreuseln bestreuen. Die restliche Sahne in einen Spritzbeutel mit Sterntülle füllen und auf die Torte dressieren. Die Torte mit Zuckerherzen und Nasch-Dekor verzieren und bis zum Verzehr kühl aufbewahren.

Himbeer-Frischkäse-Torte

(ohne Abbildung)

ZUTATEN

2 Lagen heller Wiener Boden
(26 cm Ø, Fertigprodukt)
100 g Himbeermarmelade

Außerdem:
150 g Himbeeren, 100 g Zucker
2 cl Himbeergeist
9 Blatt weiße Gelatine
250 g Frischkäse
800 ml Sahne
1 Päckchen Sahnesteif
Zucker nach Geschmack
geraspelte, dunkle Kuvertüre zum Bestreuen
Himbeeren und Tortendekor zum Verzieren

ZUBEREITUNG

1. Den unteren Tortenboden auf eine Tortenplatte legen und mit einem Tortenring umschließen. Die Himbeermarmelade durch ein Sieb streichen und die Tortenböden damit bestreichen.

2. Die Himbeeren verlesen, mit dem Zucker und dem Himbeergeist in einen Topf geben, pürieren und erwärmen. Die gewässerte Gelatine in dem Püree auflösen und das Ganze erkalten lassen.

3. Den Frischkäse unter das Himbeerpüree rühren. Die Sahne steif schlagen und unterheben. Die Hälfte der Himbeercreme auf den Tortenboden geben und glatt streichen.

4. Den zweiten Boden mit der Marmeladenseite nach unten darauflegen und leicht andrücken. Die restliche Himbeercreme auf den Biskuit geben und glatt streichen. Die Torte im Kühlschrank vollständig durchkühlen lassen.

5. Die Sahne mit dem Sahnesteif steif schlagen und mit Zucker süßen. Den Tortenring abnehmen und den Tortenrand mit Sahne

Pro Portionen:
Für ca. 12–14 Stücke:

bestreichen. Die restliche Sahne in einen Spritzbeutel mit Sterntülle füllen und Rosetten auf die Torte dressieren.

6. Die Himbeer-Frischkäse-Torte rundherum mit geraspelter Kuvertüre bestreuen, mit Himbeeren und Tortendekor verzieren und bis zum Verzehr kühl aufbewahren.

Schwierigkeit:
mittel

Zubereitungszeit:
30 Minuten
ohne Wartezeit

Irish-Coffee-Torte

ZUTATEN

3 Lagen dunkle Wiener Böden (26 cm Ø, Fertigprodukt)

Für die helle Creme:
150 g Frischkäse
1 TL Vanillearoma
2 cl Whiskey, 50 g Zucker
6 Blatt weiße Gelatine
400 ml Sahne

Für die Mokkacreme:
150 g Frischkäse, 3 TL Kakao
2 TL Instant-Kaffeepulver
50 g Zucker
6 Blatt weiße Gelatine
400 ml Sahne

Außerdem:
200 ml Sahne
1 Päckchen Sahnesteif
Zucker nach Geschmack
Kakaopulver zum Bestäuben
Karambolesterne zum Verzieren

Tipp:

Um die Zutaten für einen Teig richtig zu vermengen sowie Cremes zu schlagen, benötigen Sie unbedingt ein Handrührgerät mit Knethaken und Quirlen. Für Vielbäcker und Profis in der Backstube ist die Anschaffung einer Küchenmaschine mit Knet- und Rührfunktion auf jeden Fall eine Überlegung wert, da sie dabei die Hände frei haben und genauer arbeiten können.

Pro Portionen:
Für ca. 12–14 Stücke:

Schwierigkeit:
mittel

Zubereitungszeit:
35 Minuten ohne Wartezeit

ZUBEREITUNG

1. Einen Wiener Boden auf eine Tortenplatte legen und mit einem Tortenring umschließen.

2. Den Frischkäse mit dem Vanillearoma, dem Whiskey und dem Zucker in eine Schüssel geben und glatt rühren.

3. Die gut gewässerte Gelatine in wenig heißem Wasser auflösen und unter die Frischkäsecreme ziehen.

4. Kurz vor dem Festwerden die Sahne steif schlagen und unterheben. Die Hälfte der Frischkäsecreme kuppelartig auf den Tortenboden streichen und mit dem zweiten Tortenboden abdecken. Die restliche Frischkäsecreme daraufstreichen und den dritten Tortenboden darauflegen.

5. Den Frischkäse mit dem gesiebten Kakao und dem Kaffeepulver in eine Schüssel geben und glatt rühren.

6. Die gut gewässerte Gelatine in wenig heißem Wasser auflösen und unter die Mokkacreme ziehen.

7. Kurz vor dem Festwerden die Sahne steif schlagen und unterheben. Die Mokkacreme auf den Tortenboden geben, glatt streichen und die Torte im Kühlschrank vollständig durchkühlen lassen.

8. Die Irish-Coffee-Torte aus dem Kühlschrank nehmen und den Tortenring entfernen.

9. Die Sahne mit dem Sahnesteif steif schlagen, mit Zucker süßen, in einen Spritzbeutel mit Sterntülle füllen und Tupfen auf die Torte spritzen.

10. Die Irish-Coffee-Torte mit Kakaopulver bestäuben, mit Karambolesternen verzieren und bis zum Verzehr kühl aufbewahren.

Stollentorte mit Kirschen

ZUTATEN

Für den Boden:
650 g Stollen
200 ml Sahne
1 Päckchen Sahnesteif
Sonnenblumenöl zum Bestreichen

Für die Creme:
100 ml Milch
50 g Zucker
8 Blatt weiße Gelatine
50 ml Mandellikör
300 g Schmand
600 ml Sahne
200 g Belegkirschen

Außerdem:
Puderzucker zum Bestäuben

Tipp:
Statt der Belegkirschen können Sie auch sehr gut Kaiserkirschen oder Sauerkirschen aus dem Glas oder der Dose verwenden.

Pro Portionen:
Für ca. 12–14 Stücke:

Schwierigkeit:
leicht

Zubereitungszeit:
30 Minuten
ohne Wartezeit

ZUBEREITUNG

1. Den Stollen in Scheiben schneiden, aus den Scheiben sieben Herzen ausstechen und diese für die Dekoration bereitstellen. Den restlichen Stollen in feine Würfel schneiden und in eine Schüssel geben.

2. Die Sahne mit dem Sahnesteif steif schlagen, zu den Stollenwürfeln geben, alles gut miteinander verrühren und verkneten.

3. Einen Tortenring (26 cm Durchmesser) innen mit Sonnenblumenöl bestreichen und ihn auf eine mit Backpapier belegte Tortenplatte setzen. Die Stollenmasse einfüllen und gut andrücken.

4. Die Milch mit dem Zucker in einem Topf erwärmen, die gut gewässerte, ausgedrückte Gelatine darin auflösen, vom Herd nehmen, den Mandellikör einrühren und das Ganze erkalten lassen.

5. Kurz vor dem Festwerden den Schmand unterrühren und die geschlagene Sahne vorsichtig unterziehen. Die Belegkirschen klein schneiden und ebenfalls untermischen.

6. Die Creme gleichmäßig auf die Stollenmasse geben, glatt streichen und im Kühlschrank – am besten über Nacht – vollständig erstarren lassen.

7. Die Stollentorte aus dem Kühlschrank nehmen, den Tortenring und das Backpapier entfernen.

8. Die Torte auf eine Tortenplatte setzen, die Stollenherzen mit Puderzucker bestäuben, die Torte damit garnieren und bis zum Verzehr kühl stellen.

Himbeer-Schmand-Torte

ZUTATEN

Für den Bröselboden:
200 g Früchtekekse
125 g weiche Butter
250 ml Schmand
75 g Zucker
8 Blatt weiße Gelatine
600 ml Sahne
250 g Himbeeren
20 g Kakaopulver zum Bestäuben
Feingebäck, Himbeeren und Minze zum Garnieren

Pro Portionen:
Für ca. 12–14 Stücke:

Schwierigkeit:
leicht

Zubereitungszeit:
25 Minuten
ohne Wartezeit

ZUBEREITUNG

1. Eine Tortenplatte mit Backpapier belegen und einen Tortenring daraufstellen.

2. Das Feingebäck fein zerreiben, mit der weichen Butter zu einem Bröselteig verarbeiten und diesen fest in die Form drücken.

3. Die Schmand mit dem Zucker leicht erwärmen, die gewässerte, ausgedrückte Gelatine darin auflösen.

4. Die geschlagene Sahne und die verlesenen Himbeeren unterheben. Die Masse auf dem Bröselboden verteilen und glatt streichen. Im Kühlschrank fest werden lassen.

5. Den Tortenring entfernen. Das Backpapier nach vorne herausziehen. Die Torte mit Kakaopulver bestäuben, mit Feingebäck, Himbeeren und Minze garnieren und servieren.

Ananas-Charlotte

(ohne Abbildung)

ZUTATEN

Öl für die Form
1 Dose Ananas (490 g Abtropfgewicht)
einige blaue Trauben
einige Mandarinenfilets
150 ml Ananassaft
50 g Zucker
1 Päckchen Zitronenaroma
9 Blatt weiße Gelatine
500 g Schmand
600 ml Sahne
1 heller Wiener Boden (26 cm Ø, Fertigprodukt)
Kokosflocken zum Bestreuen

ZUBEREITUNG

1. Einen Tortenring (26 cm Durchmesser) innen mit Öl bestreichen und auf eine mit Backpapier belegte Tortenplatte stellen.

2. Die Ananas gut abtropfen lassen, dabei den Saft auffangen. Die Ananasscheiben in die Form und an den Rand legen. Die Zwischenräume mit blauen Trauben und gut abgetropften Mandarinenfilets ausfüllen.

3. Für die Creme den Ananassaft mit dem Zucker und dem Zitronenaroma erwärmen.

4. Die gewässerte, ausgedrückte Gelatine darin auflösen, vom Herd nehmen und erkalten lassen.

5. Kurz vor dem Festwerden den Schmand unterrühren und die geschlagene Sahne unterheben. Die Creme vorsichtig in den Ring füllen, glatt streichen und mit dem Wiener Boden abdecken.

6. Die Charlotte im Kühlschrank fest werden lassen. Anschließend die Charlotte auf eine Tortenplatte stürzen.

7. Den Tortenring und das Backpapier entfernen, die Torte mit Kokosflocken bestreuen und bis zum Verzehr kühl stellen.

Pro Portionen:
Für ca. 12–14 Stücke:

Schwierigkeit:
mittel

Zubereitungszeit:
30 Minuten
ohne Wartezeit

Rote-Grütze-Torte

ZUTATEN

200 g Butterkekse
75 g Butter
Fett für die Form
250 g rote Johannisbeeren
100 g Himbeeren
50 g Brombeeren
1 Päckchen Tortenguss rot
2 EL Zucker
250 ml Wasser

Außerdem:
400 g Sauerrahm oder Schmand
Saft von 1 Zitrone
150 g Gelierzucker 1 : 1
750 ml Sahne
1 Päckchen Sahnesteif
1 Päckchen Vanillezucker
50 g Haselnusskrokant
frische Beeren und Zitronenmelisseblättchen zum Belegen
Puderzucker zum Bestäuben

ZUBEREITUNG

1. Die Kekse zerbröseln und mit der Butter verkneten. Eine Springform (26 cm Ø) ausfetten, die Keksmasse einfüllen und glatt streichen, fest andrücken und erstarren lassen.

2. Die Beeren verlesen, waschen und abtropfen lassen. Aus dem Tortengusspulver, dem Zucker und dem Wasser einen Tortenguss zubereiten, die Beeren unterheben und erkalten lassen.

3. Den Sauerrahm oder den Schmand mit Zitronensaft glatt rühren. Den Gelierzucker einrühren und 500 ml steif geschlagene Sahne unterheben.

4. Die Masse auf dem Bröselboden verteilen und glatt streichen. Die Grütze darauf verstreichen und die Torte im Kühlschrank gut durchkühlen lassen.

5. Die Torte auf eine Tortenplatte setzen. 250 ml Sahne mit Sahnesteif und Vanillezucker steif schlagen, den Tortenrand damit überziehen und mit dem Krokant bestreuen.

6. Die restliche Sahne in einen Spritzbeutel mit Sterntülle füllen und die Torte damit verzieren. Die frischen Beeren dekorativ in die Tortenmitte legen und leicht mit Puderzucker bestäuben.

7. Nach Geschmack einige Zitronenmelisseblättchen dazwischenstecken. Die Rote-Grütze-Torte in gleichmäßige Stücke schneiden und servieren.

Variation:
Auch Heidelbeeren können Sie sehr gut für unsere Rote-Grütze-Torte verwenden.

Pro Portionen:
Für ca. 12–14 Stücke:

Schwierigkeit:
leicht

Zubereitungszeit:
30 Minuten
ohne Wartezeit

Zitronentorte mit Trauben

ZUTATEN

Für den Bröselboden:
Öl für die Form
200 g Cornflakes
150 g Kuvertüre
50 ml Sahne

Für die Füllung:
500 g grüne Trauben
Saft und Schale von 2 unbehandelten Zitronen
75 g Zucker
7 Blatt weiße Gelatine
300 g Sauerrahm oder Schmand
500 ml Sahne

Außerdem:
150 ml Wasser
1 EL Zucker
Saft von 1 Zitrone
2 Blatt weiße Gelatine
25 g dunkle Kuvertüre
einige grüne Trauben
½ Eiweiß zum Bestreichen
Zucker zum Bestreuen

ZUBEREITUNG

1. Einen Tortenring (26 cm Ø) mit Öl bestreichen und auf eine mit Backpapier belegte Tortenplatte stellen. Die Cornflakes leicht zerdrücken und in der Form verteilen.

2. Die grob gehackte Kuvertüre mit der Sahne in einem Topf schmelzen lassen, über den Cornflakes verteilen und fest werden lassen. Die verlesenen, gewaschenen und abgetropften Trauben darauflegen.

3. Für die Creme den Zitronensaft, die Zitronenschale und den Zucker in einem Topf erwärmen. Die gewässerte, ausgedrückte Gelatine darin auflösen.

4. Den Sauerrahm unterrühren, die Sahne steif schlagen und unterheben. Die Creme auf dem Bröselboden glatt streichen und im Kühlschrank fest werden lassen.

5. Das Wasser mit dem Zucker und dem Zitronensaft aufkochen und abkühlen lassen. Die gewässerte, ausgedrückte Gelatine im lauwarmen Saft auflösen, diesen auf der Torte verteilen und fest werden lassen. Das Backpapier vorsichtig entfernen und den Tortenring abnehmen.

6. Die Kuvertüre im Wasserbad schmelzen lassen, in einen kleinen Spritzbeutel füllen und ein feines Muster auf den Tortenrand spritzen.

7. Die verlesenen, gewaschenen und trocken getupften Trauben mit Eiweiß bestreichen, mit Zucker bestreuen, trocknen lassen und die Torte damit garnieren. Die Zitronentorte bis zum Verzehr kühl aufbewahren.

Variation:
Statt der Weintrauben können Sie auch sehr gut Stachelbeeren oder Jostabeeren verwenden.

Pro Portionen:
Für ca. 12–14 Stücke:

Schwierigkeit:
leicht

Zubereitungszeit:
35 Minuten ohne Wartezeit

Erdbeer-Schmand-Torte

ZUTATEN

1 dünner Mürbeteig- oder Biskuitboden (26 cm Ø Fertigprodukt)
750 g Erdbeeren
350 g Schmand
50 g Zucker
10–12 Blatt weiße Gelatine
700 ml Sahne
1 Päckchen Sahnesteif
Zucker nach Geschmack
100 g Joghurt-Schokolade
frische Erdbeeren zum Garnieren
gehackte Pistazien und Mandelblättchen zum Bestreuen

Variation:
Anstatt der Erdbeeren können Sie für diese Torte auch sehr gut andere Beeren oder Früchte aus der Dose verwenden.

ZUBEREITUNG

1. Den Tortenboden auf eine Kuchenplatte setzen und mit einem Tortenring umschließen.

2. Die Erdbeeren verlesen, waschen, gut abtropfen lassen. 500 g Erdbeeren im Mixer oder mit dem Pürierstab pürieren.

3. Die Erdbeeren mit dem Schmand und dem Zucker in eine Schüssel geben und alles vermischen. Die gut gewässerte Gelatine in wenig heißem Wasser auflösen und unter das Erdbeerpüree ziehen.

4. 500 ml Sahne steif schlagen und unter die Erdbeermasse heben. Die restlichen 250 g Erdbeeren je nach Größe halbieren oder vierteln, auf den Tortenboden legen, die Erdbeercreme daraufgeben und glatt streichen.

5. Die Erdbeer-Schmand-Torte im Kühlschrank und im Kühlschrank – am besten über Nacht – vollständig erstarren lassen.

6. Die Erdbeertorte aus dem Tortenring lösen. 200 ml Sahne mit dem Sahnesteif steif schlagen, mit Zucker nach Geschmack süßen und den Tortenrand mit Sahne bestreichen. Die restliche Sahne in einen Spritzbeutel füllen und auf die Torte dressieren.

7. Die Joghurt-Schokolade in dünne Streifen schneiden, mit den frischen Erdbeeren auf die Torte legen.

8. Die Erdbeer-Schmand-Torte mit gehackten Pistazien und Mandelblättchen bestreuen und bis zum Verzehr kühl aufbewahren.

Pro Portionen:
Für ca. 12–14 Stücke:

Schwierigkeit:
leicht

Zubereitungszeit:
30 Minuten ohne Wartezeit

Nektarinen-Dickmilch-Torte

ZUTATEN

2 Lagen Wiener Boden, hell (26 cm Ø, Fertigprodukt)
100 g Himbeermarmelade

Für die Füllung:
7 Nektarinen
400 ml Orangensaft
125 g Zucker
2 Päckchen Tortenguss klar

Für die Creme:
250 g Dickmilch oder Schmand
5 Blatt weiße Gelatine
400 ml Sahne

Außerdem:
geraspelte, dunkle Kuvertüre
200 ml Sahne
1 Päckchen Sahnesteif
Zucker nach Geschmack
1 Päckchen Tortenguss klar
1 TL Grenadinesirup
Nektarinenspalten zum Garnieren

ZUBEREITUNG

1. Die beiden Wiener Böden mit Himbeermarmelade bestreichen, einen Boden auf eine Tortenplatte legen und mit einem Tortenring umschließen.

2. Die gewaschenen Nektarinen entsteinen, in Spalten schneiden, mit 350 ml Orangensaft und 25 g Zucker in einen Topf geben und etwa fünf Minuten kochen.

3. Den Tortenguss mit dem restlichen Orangensaft verrühren, die Masse damit binden, noch warm auf dem Tortenboden verstreichen. Den zweiten Boden mit der Marmeladenseite nach unten darauflegen.

4. Die Dickmilch mit dem restlichen Zucker glatt rühren, die gewässerte, ausgedrückte Gelatine in wenig heißem Wasser auflösen und unterziehen.

5. Die steif geschlagene Sahne unterheben und die Dickmilchsahne auf dem Biskuit glatt streichen. Im Kühlschrank fest werden lassen, anschließend den Tortenring entfernen.

6. Den Tortenrand mit den Kuvertüreraspeln bestreuen. Die Sahne mit dem Sahnesteif steif schlagen, mit Zucker nach Geschmack süßen und auf die Torte dressieren.

7. Den Tortenguss nach Packungsanweisung zubereiten, den Grenadinesirup untermischen und feine Linien auf die Torte auftragen. Die Nektarinen-Dickmilch-Torte mit Nektarinenspalten garnieren und servieren.

Variation:
Anstatt der Nektarinen können Sie für diese Torte auch gut Pfirsiche oder Aprikosen verwenden.

Pro Portionen:
Für ca. 12–14 Stücke:

Schwierigkeit:
leicht

Zubereitungszeit:
30 Minuten ohne Wartezeit

Lycheetorte

ZUTATEN

Für den Boden:
250 g Zitronenkekse
150 g weiche Butter
Sonnenblumenöl zum Bestreichen

Für die Creme:
2 Dosen Lychees (je 280 g Abtropfgewicht)
50 g Zucker
Saft von 1 Zitrone
8 Blatt weiße Gelatine
250 g Schmand
600 ml Sahne

Außerdem:
1 Päckchen Tortenguss klar
Pfefferminzblättchen zum Garnieren

Tipp:
Aufgelöste Gelatine klumpt nicht, wenn die Masse oder Flüssigkeit, die damit angedickt wird, Zimmertemperatur hat.

ZUBEREITUNG

1. Die Zitronenkekse grob reiben oder fein hacken, mit der weichen Butter in eine Schüssel geben, verrühren und verkneten.

2. Einen Tortenring (26 cm Durchmesser) innen mit Sonnenblumenöl bestreichen und den Tortenring auf eine mit Backpapier ausgelegte Tortenplatte setzen. Die Keksmasse einfüllen und leicht andrücken. Im Kühlschrank fest werden lassen.

3. Für die Creme die Lychees auf ein Sieb geben, abtropfen lassen und dabei den Saft auffangen.

4. 150 ml Saft abmessen, mit dem Zucker und dem Zitronensaft in einem Topf erwärmen.

5. Die gut gewässerte, ausgedrückte Gelatine darin auflösen, vom Herd nehmen und erkalten lassen.

6. Kurz vor dem Festwerden den Schmand kräftig unterrühren und die geschlagene Sahne unterheben. Die Hälfte der Lychees ebenfalls unterheben.

7. Die Masse auf den Bröselboden geben und glatt streichen. Die restlichen Lychees halbieren und auf die Creme legen.

8. 250 ml Saft abmessen – falls der Saft nicht ausreicht mit Wasser auffüllen – und den Tortenguss nach Packungsanweisung mit diesem zubereiten.

9. Den Tortenguss auf die Lychees geben, gleichmäßig verstreichen und im Kühlschrank – am besten über Nacht – vollständig auskühlen lassen.

10. Die Torte aus dem Kühlschrank nehmen, den Tortenring und das Backpapier entfernen. Die Torte auf eine Tortenplatte setzen, mit Pfefferminzblättchen garnieren und bis zum Verzehr kühl stellen.

Pro Portionen:
Für ca. 12–14 Stücke:

Schwierigkeit:
leicht

Zubereitungszeit:
30 Minuten
ohne Wartezeit

Orangen-Schmand-Torte

ZUTATEN

200 g Butterkekse
75 g Butter
Fett zum Ausfetten
30 g gehackte Haselnüsse

Für die Füllung:
300 ml Orangensaft
1 EL geriebene Orangenschale
2 Beutel Orangen-Götterspeise (Gelatinepulver)
125 g Zucker
450 g Schmand
300 ml Sahne

Für das Gelee:
250 ml Orangensaft
30 g Zucker
4–5 Blatt weiße Gelatine
Kräuterzweige, Orangen- und Limettenscheiben zum Garnieren

ZUBEREITUNG

1. Die Butterkekse in einen Gefrierbeutel geben und zerbröseln. Anschließend in eine Schüssel geben. Die Butter in Flöckchen daraufsetzen und das Ganze verkneten.

2. Eine Springform (26 cm Durchmesser) ausfetten, die Keksmasse einfüllen und glatt streichen, fest andrücken und im Kühlschrank erkalten lassen. Den Bröselboden mit gehackten Haselnüssen bestreuen.

3. Den Orangensaft mit der Orangenschale in einem Topf zum Kochen bringen. Vom Herd nehmen, die Orangen-Götterspeise und den Zucker einrühren und unter ständigem Rühren auflösen lassen.

4. Den Schmand mit dem Orangengelee vermischen und 10 Minuten in den Kühlschrank stellen.

5. Die Sahne steif schlagen und vorsichtig unter die Creme ziehen. Die Orangensahne gleichmäßig auf dem Bröselboden verteilen, glatt streichen und im Kühlschrank vollständig fest werden lassen.

6. Für den Geleespiegel den Orangensaft mit dem Zucker in einen Topf geben und erhitzen. Die gut gewässerte, ausgedrückte Gelatine darin auflösen.

7. Das Orangengelee erkalten lassen und kurz vor dem Festwerden auf die Orangensahne geben, glatt streichen und im Kühlschrank vollständig aauskühlen und erstarren lassen.

8. Die Orangen-Schmand-Torte aus der Form nehmen und auf eine Tortenplatte setzen. Die Torte mit Kräuterzweigen, Orangen- und Limettenscheiben garnieren und bis zum Verzehr kühl aufbewahren.

Variation:
Unser Rezept lässt sich sehr gut auch mit Mandarinen, Mangos oder Papayas herstellen.

Pro Portionen:
Für ca. 12–14 Stücke:

Schwierigkeit:
leicht

Zubereitungszeit:
30 Minuten
ohne Wartezeit

Schokoladentorte mit Birnen

ZUTATEN

1 Lage dunkler Wiener Boden (26 cm Ø, Fertigprodukt)
1 Dose Birnenhälften (460 g Abtropfgewicht)

Für die Creme:
100 ml Milch
50 g Zartbitterschokolade
50 g Zucker
1 TL Kakaopulver
7 Blatt weiße Gelatine
150 g Schmand
600 ml Sahne
30 g Schokostreusel

Außerdem:
200 ml Sahne
1 Päckchen Sahnesteif
Zucker nach Geschmack
30 g Schokoraspel
2 Birnenhälften
6–7 rote Belegkirschen

Tipp:
Präzises Abmessen und Abwiegen ist für das Gelingen unserer Torten sehr wichtig. Ein Messbecher mit einer feinen Einteilung garantiert genaues Dosieren der Flüssigkeiten. Eine digitale Küchenwaage mit Zumessfunktion erleichtert Ihnen das Wiegen aller benötigten Zutaten.

Pro Portionen:
Für ca. 12–14 Stücke:

Schwierigkeit:
leicht

Zubereitungszeit:
30 Minuten
ohne Wartezeit

ZUBEREITUNG

1. Den Wiener Boden auf eine Tortenplatte legen und mit einem Tortenring umschließen. Die Birnen gut abtropfen lassen. Zwei Birnenhälften zum Verzieren beiseitelegen.

2. Für die Creme die Milch mit der Schokolade, dem Zucker und dem Kakaopulver erwärmen. Die gewässerte, ausgedrückte Gelatine darin auflösen, vom Herd nehmen und abkühlen lassen.

3. Kurz vor dem Festwerden den Schmand unterrühren und die steif geschlagene Sahne mit den Schokostreuseln unterheben.

4. Ein Drittel der Creme auf dem Tortenboden verteilen, glatt streichen, die Birnen darauflegen und leicht in die Creme drücken.

5. Die restliche Creme daraufgeben, glatt streichen und die Torte im Kühlschrank vollständig durchkühlen lassen. Anschließend den Tortenring entfernen.

6. Die Sahne mit dem Sahnesteif steif schlagen und mit Zucker süßen. Den Tortenrand damit bestreichen und die restliche Sahne in einen Spritzbeutel mit Sterntülle füllen.

7. Die Torte mit Schokoraspeln bestreuen und die Sahne auf die Torte dressieren.

8. Die Birnenhälften in Spalten schneiden, die Belegkirschen halbieren und die Torte damit verzieren.

9. Die Schokoladentorte bis zum Verzehr im Kühlschrank aufbewahren.

Erdbeer-Kiwi-Torte

ZUTATEN

Für den Bröselboden:
Öl für die Form
250 g Butterkekse
150 g sehr weiche Butter

Für die Creme:
200 ml Molke
50 g Zucker
1 Päckchen Vanillezucker
6 Blatt weiße Gelatine
250 g Schmand
400 ml Sahne

Außerdem:
500 g Erdbeeren
4 Kiwis
1 Päckchen Tortenguss klar

ZUBEREITUNG

1. Einen Springformrand (26 cm Durchmesser) innen mit Öl bestreichen und auf eine mit Backpapier belegte Tortenplatte stellen.

2. Die Butterkekse zerdrücken, mit der weichen Butter zu einem Bröselteig verkneten, den Teig in die Form füllen und fest andrücken.

3. Für die Creme die Molke mit dem Zucker und dem Vanillezucker in einem Topf erwärmen. Die gewässerte, ausgedrückte Gelatine darin auflösen, vom Herd nehmen und erkalten lassen.

4. Kurz vor dem Festwerden den Schmand kräftig unterrühren und die steif geschlagene Sahne unterheben.

5. Die Creme auf den Bröselboden geben, glatt streichen und die Torte im Kühlschrank vollständig durchkühlen lassen.

6. Die Erdbeeren verlesen, waschen, trocken tupfen und halbieren. Die Kiwis schälen, eine Kiwi in Scheiben und die anderen in Spalten schneiden.

7. Den Kuchen mit den Erdbeeren, den Kiwischeiben und den Kiwispalten belegen.

8. Den Tortenguss nach Packungsanweisung zubereiten, die Torte damit überziehen und den Guss fest werden lassen.

9. Den Tortenring entfernen, die Erdbeer-Kiwi-Torte verzieren und bis zum Verzehr kühl stellen.

Variation:

Statt der Kiwis können Sie auch Himbeeren, Brombeeren oder Johannisbeeren verwenden.

Pro Portionen:
Für ca. 12–14 Stücke:

Schwierigkeit:
leicht

Zubereitungszeit:
30 Minuten
ohne Wartezeit

Serviertipp:

Um die kunstvoll zubereitete Torte auch angemessen servieren zu können, sollten Sie eine Tortenplatte verwenden. Nach dem Servieren auf dem Tisch kommt immer der kritischste Moment: das Aufschneiden. Es ist ärgerlich, wenn beim Versuch, die Torte zu schneiden, die Nüsse, die Schokolade oder die Früchte mit der Tortenmasse nach unten zusammengedrückt werden und man seinen Gästen ein Durcheinander aus Boden, Füllung und Belag auf dem Teller reicht. Um dies zu vermeiden, sollten Sie ein sehr scharfes Messer verwenden und sorgfältig schneiden. Am besten ist es, das Messer nach jedem geschnittenen Stück in warmem Wasser zu reinigen, denn so sehen die einzelnen Stücke erstklassig aus. Mit einem Tortenheber können Sie nun stilgerecht Ihren Gästen ein Stück auf den Teller reichen.

Stracciatella-Erdbeer-Kuchen

ZUTATEN

Für den Bröselboden:
200 g Butterkekse
75 g Butter
Fett für die Form

Für die Creme:
250 g Mascarpone
75 g Zucker
4 cl Amaretto
5 Blatt weiße Gelatine
400 ml Sahne
25 g Schokostreusel

Außerdem:
500–750 g kleine Erdbeeren
1 Päckchen Tortenguss klar
Mandelblättchen zum Bestreuen

ZUBEREITUNG

1. Die Kekse zerbröseln und mit der Butter verkneten. Eine Springform (26 cm Ø) ausfetten, die Keksmasse einfüllen und glatt streichen, fest andrücken und im Kühlschrank erstarren lassen.

2. Den Mascarpone mit dem Zucker und dem Amaretto glatt rühren. Die gewässerte, ausgedrückte Gelatine in wenig heißem Wasser auflösen und unter die Creme ziehen.

3. Die Sahne steif schlagen und mit den Schokostreuseln unter die Creme heben. Die Creme auf den Tortenboden geben und glatt streichen.

4. Die Erdbeeren verlesen, putzen, waschen, trocken tupfen und in die Creme drücken. Den Kuchen im Kühlschrank fest werden lassen.

5. Den Tortenguss nach Packungsanweisung zubereiten, den Kuchen damit überziehen und den Guss erstarren lassen.

6. Den Springformring entfernen, den Kuchen auf eine Tortenplatte setzen und den Rand mit Mandelblättchen bestreuen. Den Stracciatella-Erdbeer-Kuchen bis zum Verzehr kühl aufbewahren.

Variation:
Dosenobst bleibt für Obstkuchen besser in Form, wenn es nach dem Abtropfen in Puderzucker gewälzt wird. Damit der Kuchen dann nicht zu süß wird, lieber auf den Zucker für den Tortenguss verzichten.

Pro Portionen:
Für ca. 12–14 Stücke:

Schwierigkeit:
leicht

Zubereitungszeit:
25 Minuten
ohne Wartezeit

Himbeer-Venezia-Torte

ZUTATEN

1 Lage Biskuit-Obstboden, hell (26 cm Ø, Fertigprodukt)

Für die Creme:
200 g Himbeeren
Saft von ½ Zitrone
75 g Zucker
2 cl Himbeergeist
6 Blatt weiße Gelatine
250 g Mascarpone
600 ml Sahne

Außerdem:
12 Löffelbiskuits (ca. 75 g)
2 EL Kakaopulver zum Bestäuben
frische Himbeeren, Löffelbiskuits und Minze zum Garnieren

ZUBEREITUNG

1. Den Biskuitboden auf eine Tortenplatte legen und mit einem Tortenring (26 cm Ø) umschließen.

2. Die Himbeeren verlesen, mit dem Zitronensaft und dem Zucker in einem Topf erwärmen. Den Himbeergeist einrühren.

3. Die gut gewässerte Gelatine ausdrücken, zu den Himbeeren geben und auflösen, vom Herd nehmen und leicht abkühlen lassen.

4. Den Mascarpone unter die Himbeermasse rühren. Die Sahne steif schlagen und unterheben. Die Hälfte der Creme auf den Tortenboden geben und glatt streichen.

5. Die Löffelbiskuits darauflegen und mit 1 EL Kakao bestäuben. Die restliche Creme daraufgeben, glatt streichen und im Kühlschrank fest werden lassen.

6. Die Torte herausnehmen, den Tortenring entfernen und eine runde Tortenspitze auf die Oberfläche legen.

7. Mit 1 EL Kakao bestäuben und die Tortenspitze abnehmen. Die Torte mit Himbeeren, Löffelbiskuits und Minze garnieren und servieren.

Tipp:
Unser Rezept lässt sich sehr gut auch mit Erdbeeren, Heidelbeeren oder Johannisbeeren herstellen.

Pro Portionen:
Für ca. 12–14 Stücke:

Schwierigkeit:
mittel

Zubereitungszeit:
25 Minuten
ohne Wartezeit

Müslischnitten

ZUTATEN

Für den Boden:
350 g Müslikekse
175 g weiche Butter
Sonnenblumenöl zum Bestreichen
750 g weiße Weintrauben

Für die Creme:
200 ml weißer Traubensaft
70 g Honig
Saft von 1 Zitrone
10 Blatt weiße Gelatine
250 g Mascarpone
250 g Speisequark
600 ml Sahne

Außerdem:
50 g Müslikekse
100 g Weintrauben

ZUBEREITUNG

1. Die Müslikekse grob reiben oder fein hacken, mit der weichen Butter in eine Schüssel geben, verrühren und verkneten.

2. Einen Schnittenrahmen (32 x 24 cm) innen mit Sonnenblumenöl bestreichen und ihn auf eine mit Backpapier belegte Tortenplatte setzen. Die Keksmasse einfüllen, fest andrücken und starr werden lassen.

3. Die Weintrauben verlesen, sorgfältig waschen, trocken tupfen und auf dem Bröselboden gleichmäßig verteilen.

4. Den Traubensaft mit dem Honig und dem Zitronensaft in einem Topf erwärmen. Die gut gewässerte, ausgedrückte Gelatine hinzufügen, darin vollständig auflösen, vom Herd nehmen und erkalten lassen.

5. Kurz vor dem Festwerden den Mascarpone mit dem Speisequark kräftig unterrühren und die geschlagene Sahne unterheben.

6. Die Creme gleichmäßig auf den Weintrauben verteilen, glatt streichen und im Kühlschrank – am besten über Nacht – vollständig durchkühlen lassen.

7. Die Schnitten aus dem Kühlschrank nehmen, den Schnittenrahmen und das Backpapier entfernen.

8. Die Torte auf eine Tortenplatte setzen, in 16 Stücke schneiden, jedes Stück mit Müslikeksen und halbierten Weintrauben garnieren und bis zum Verzehr kühl stellen.

Tipp:
Müslikekse gibt es in vielen Variationen. Sie können auch solche auswählen, die mit Trockenfrüchten, Rosinen, Korinthen, Sultaninen oder Sukkade hergestellt wurden.

Pro Portionen:
Für ca. 14–16 Stücke:

Schwierigkeit:
leicht

Zubereitungszeit:
25 Minuten
ohne Wartezeit

Weinbrandtorte mit Schokolade

ZUTATEN

Für den Boden:
200 g Löffelbiskuits
125 g weiche Butter
Sonnenblumenöl zum Bestreichen

Für die Creme:
400 g Mascarpone
4 cl Weinbrand
75 g Zucker
400 ml Sahne
2 Päckchen Sahnesteif
100 g Schokosplitter

Außerdem:
Kakaopulver zum Bestäuben
Weinbrandbohnen zum Belegen

ZUBEREITUNG

1. Die Löffelbiskuits grob reiben oder fein hacken, mit der weichen Butter in eine Schüssel geben, verrühren und verkneten.

2. Einen Tortenring (26 cm Durchmesser) innen mit Sonnenblumenöl bestreichen und ihn auf eine mit Backpapier belegte Tortenplatte setzen. Die Löffelbiskuitmasse einfüllen, fest andrücken und starr werden lassen.

3. Für die Creme den Mascarpone mit dem Weinbrand und dem Zucker in eine Schüssel geben und glatt rühren. Die Sahne mit dem Sahnesteif steif schlagen und unterheben.

4. Die Hälfte der Creme auf den Bröselboden geben, glatt streichen und mit den Schokosplittern bestreuen.

5. Die restliche Creme darauf verteilen, glatt streichen, ein Wellenmuster auftragen und die Torte im Kühlschrank mindestens zwei Stunden vollständig durchkühlen lassen.

6. Die Torte aus dem Kühlschrank nehmen, den Tortenring und das Backpapier entfernen und die Torte auf eine Tortenplatte setzen.

7. Die Weinbrandtorte mit Kakaopulver bestäuben, mit Weinbrandbohnen garnieren und bis zum Verzehr kühl stellen.

Variation:
Verwenden Sie statt des Weinbrandes und der Weinbrandbohnen auch einmal Rum und Rumkugeln. So lässt sich schnell eine köstliche Variante zaubern.

Pro Portionen:
Für ca. 12–14 Stücke:

Schwierigkeit:
leicht

Zubereitungszeit:
30 Minuten
ohne Wartezeit

Amaretto-Kirsch-Torte mit Mascarpone

ZUTATEN

Für den Boden:
100 g Margarine
150 g Zucker
100 g Haferfleks
100 g gemahlene Mandeln
3 EL Dosenmilch
Öl zum Bestreichen
Backpapier

Für die Creme:
500 g Mascarpone
4 cl Amaretto
2 Päckchen Vanillezucker
9 Blatt weiße Gelatine
600 ml Sahne

Außerdem:
1 Glas Schattenmorellen (480 g Abtropfgewicht)
100 ml Kirschsaft
Puderzucker zum Bestäuben
Belegkirschen, Mandelblättchen, Schokodekor-Blätter und Melissezweige zum Garnieren

Tipp:
Zum Belegen der Amaretto-Kirsch-Torte empfehlen wir auch die feinen Amarenakirschen.

Pro Portionen:
Für ca. 12–14 Stücke:

Schwierigkeit:
leicht

Zubereitungszeit:
30 Minuten
ohne Wartezeit

ZUBEREITUNG

1. Die Margarine in einen Topf geben und schmelzen lassen. Den Zucker, die zerbröselten Haferfleks und die Mandeln untermischen. Zum Schluss die Dosenmilch dazugeben.

2. Einen Tortenring (26 cm Ø) mit Öl bestreichen, auf eine mit Backpapier belegte Tortenplatte stellen, den Bröselteig einfüllen und leicht andrücken. Im Kühlschrank fest werden lassen.

3. Für die Creme den Mascarpone mit dem Amaretto und dem Vanillezucker in eine Schüssel geben und glatt rühren.

4. Die gut gewässerte Gelatine ausdrücken, in wenig heißem Wasser auflösen und unter die Mascarponecreme ziehen.

5. Die Sahne steif schlagen und unterheben. Die Hälfte der Mascarponecreme auf den Tortenboden geben.

6. Die Schattenmorellen gut abtropfen lassen, dabei den Kirschsaft auffangen. Die Kirschen auf der Creme verteilen und mit der restlichen Creme abdecken.

7. Den Kirschsaft vorsichtig auf die Tortenoberfläche träufeln und mit einer Gabel oder einem Löffel ein Muster einziehen. Die Torte im Kühlschrank fest werden lassen.

8. Die Amaretto-Kirsch-Torte aus dem Kühlschrank nehmen, den Tortenring und das Backpapier entfernen.

9. Die Torte mit Puderzucker bestäuben, mit Belegkirschen, Mandelblättchen, Schokodekor-Blättern und Melissezweigen garnieren und bis zum Verzehr kühl aufbewahren.

Lila Casablanca-Torte

ZUTATEN

2 Lagen Wiener Boden, hell (26 cm Ø, Fertigprodukt)

Für die Füllung:
250 g Mascarpone
40 g Zucker
1 Päckchen Zitronenzucker
6–8 Blatt weiße Gelatine
500 ml Sahne
50 g sehr fein geriebene, weiße Schokolade
1 Glas Heidelbeeren
1 Päckchen Tortenguss klar
2 EL Zucker

Außerdem:
1 EL Aprikosenmarmelade
20 g Mandelblättchen
125 g frische Heidelbeeren
Zitronenmelisseblättchen zum Garnieren

Tipp:
Sahnefestiger oder Sahnesteif ist ein pulverisiertes Stärkeprodukt, das die Sahne stabilisiert und über einen Tag frisch hält. Er verhindert, dass sich Flüssigkeit absetzt.

Pro Portionen:
Für ca. 12–14 Stücke:

Schwierigkeit:
leicht

Zubereitungszeit:
30 Minuten
ohne Wartezeit

ZUBEREITUNG

1. Einen Wiener Boden auf eine Tortenplatte legen und mit einem Tortenring umschließen.

2. Den Mascarpone mit dem Zucker und dem Zitronenzucker glatt rühren. Die Gelatine in kaltem Wasser einweichen, gut ausdrücken, im heißen Wasserbad auflösen und tropfenweise in den Mascarpone einrühren. Die Sahne steif schlagen und unterheben.

3. Die Mascarponemasse halbieren. Von einer Hälfte etwa ein Viertel wegnehmen und bereitstellen, den Rest mit sehr fein geriebener weißer Schokolade verrühren und in einen Spritzbeutel mit großer Sterntülle füllen.

4. Die Heidelbeeren gut abtropfen lassen (den Saft dabei auffangen) und unter die zweite Hälfte der Mascarponemasse ziehen.

5. Die Heidelbeermasse auf den Wiener Boden geben und glatt streichen, die weiße Schokoladensahne mit der Sterntülle in großen Tupfen daraufspritzen.

6. Vom Heidelbeersaft 250 ml abmessen und mit dem Tortenguspulver und dem Zucker einen Tortenguss zubereiten.

7. Den Tortenguss abkühlen lassen und anschließend mit einem Teelöffel kleine Kleckse zwischen die Schokoladensahnetupfen setzen. (Eine kleine Menge Tortenguss zum Verzieren im Topf lassen.)

8. Den zweiten Wiener Boden daraufsetzen und die beiseitegestellte Quarkmasse daraufstreichen. Die Torte im Kühlschrank gut durchkühlen lassen.

9. Die Torte aus dem Tortenring lösen, den Rand des unteren Biskuitbodens mit glatt gerührter Aprikosenmarmelade bestreichen und die Mandelblättchen andrücken.

10. Den Tortenguss nochmals erwärmen, in ein Pergamenttütchen füllen und ein Muster auf die Torte spritzen.

11. Die Heidelbeeren verlesen, waschen, trocken tupfen und in die Tortenmitte legen. Mit Zitronenmelisseblättchen garnieren, die Torte in Stücke schneiden und servieren.

Wassermelonenschnitten

ZUTATEN

Für den Boden:
Backpapier
Öl zum Bestreichen
250 g Löffelbiskuits
200 ml Prosecco oder Sekt

Für den Belag:
500 g Mascarpone light
50 g Zucker
1 kleine Wassermelone (ca. 1 kg)
Saft von ½ Zitrone
5 Blatt weiße Gelatine
200 ml Sahne

Außerdem:
Zitronenmelisseblättchen zum Garnieren

ZUBEREITUNG

1. Das Backpapier auf eine Tortenplatte legen und einen innen mit Öl bestrichenen Schnittenrahmen (24 x 34 cm) daraufsetzen.

2. Den Boden mit den Löffelbiskuits auslegen. Die Löffelbiskuits mit 100 ml Prosecco oder Sekt beträufeln.

3. Den restlichen Prosecco oder Sekt mit dem Mascarpone und dem Zucker in eine Schüssel geben und verrühren.

4. Die Melone halbieren, entkernen und mit einem Kugelausstecher Kugeln ausstechen. Die Kugeln in eine Schüssel geben, gut verschließen und für die Garnitur im Kühlschrank aufbewahren.

5. Das restliche Fruchtfleisch (etwa 250 g) im Mixer oder mit dem Pürierstab pürieren, mit dem Zitronensaft in einen Topf geben, erhitzen und vom Herd nehmen.

6. Die gewässerte, gut ausgedrückte Gelatine im Fruchtpüree auflösen und mit der Mascarponecreme vermischen.

7. Kurz vor dem Festwerden die geschlagene Sahne unterziehen. Die Masse auf die Löffelbiskuits geben, glatt streichen und im Kühlschrank vollständig – am besten über Nacht – durchkühlen lassen.

8. Die Torte aus dem Kühlschrank nehmen, den Schnittenrahmen entfernen, die Torte in Schnitten schneiden, dekorativ anrichten, mit den Melonenkugeln belegen, mit Zitronenmelisseblättchen garnieren und gut gekühlt servieren.

Tipp:
Statt der Wassermelonen können Sie auch Honig- oder Ogenmelonen verwenden.

Pro Portionen:
Für ca. 12–14 Stücke:

Schwierigkeit:
leicht

Zubereitungszeit:
30 Minuten ohne Wartezeit

Mascarponetorte mit edlem Tröpfchen

ZUTATEN

Für den Boden:
250 g Haselnusswaffeln
75 g weiche Butter
Sonnenblumenöl zum Bestreichen

Für die Creme:
400 g Mascarpone
8 Mandel-Likör-Pralinen
50 g brauner Zucker
4 TL Mandellikör
5 Blatt weiße Gelatine
400 ml Sahne

Außerdem:
125 g Nugat
Mandel-Likör-Pralinen zum Garnieren
Puderzucker zum Bestäuben

Tipp:
Wer ein wenig auf die Kalorien achten möchte, der kann statt des sehr kalorienhaltigen Mascarpones einen kalorienreduzierten Frischkäse verwenden.

Pro Portionen:
Für ca. 12–14 Stücke:

Schwierigkeit:
leicht

Zubereitungszeit:
30 Minuten
ohne Wartezeit

ZUBEREITUNG

1. Die Haselnusswaffeln grob reiben oder fein hacken, mit der weichen Butter in eine Schüssel geben, verrühren und verkneten.

2. Einen Tortenring (26 cm Durchmesser) innen mit Sonnenblumenöl bestreichen und ihn auf eine mit Backpapier belegte Tortenplatte setzen. Die Waffelmasse einfüllen, fest andrücken und starr werden lassen.

3. Den Mascarpone mit den Likörpralinen in eine Schüssel geben, die Likörpralinen mit einer Gabel zerdrücken und mit dem Mascarpone gut verrühren.

4. Den braunen Zucker und den Mandellikör dazugeben und solange rühren, bis sich der Zucker vollständig aufgelöst hat. Die gewässerte, gut ausgedrückte Gelatine in wenig heißem Wasser auflösen und tropfenweise unter die Creme rühren.

5. Die Sahne steif schlagen und unter die Creme ziehen. Die Creme auf den Bröselboden geben und glatt streichen. Das Nugat in eine feuerfeste Schüssel geben, im Wasserbad schmelzen lassen und mit einem Esslöffel gleichmäßig auf der Creme verteilen.

6. Die Torte im Kühlschrank – am besten über Nacht – vollständig durchkühlen lassen.

7. Anschließend die Torte aus dem Kühlschrank nehmen und vorsichtig den Tortenring und das Backpapier entfernen.

8. Die Torte auf eine Tortenplatte setzen, mit den Mandel-Likör-Pralinen garnieren, mit dem Puderzucker bestäuben und bis zum Verzehr kühl stellen.

Sahne-Brösel-Torte mit Kirschen und Pfirsichen

ZUTATEN

Für den Boden:
250 g Vollkorn-Butterkekse
150 g weiche Butter
Sonnenblumenöl zum Bestreichen

Für die Creme:
200 ml Vitaminsaft
50 g Zucker
4 Blatt weiße Gelatine
250 g Mascarpone
400 ml Sahne

Außerdem:
1 Dose Pfirsiche
1 Glas Kaiserkirschen
1 Päckchen Tortenguss klar

Tipp:
Beim Backen wird vor allem süße Sahne verarbeitet. Zum Schlagen muss die Sahne stets frisch und gut gekühlt sein und einen Mindestfettgehalt von 30 % haben. Am besten, Sie kühlen auch das Gefäß, in dem Sie die Sahne schlagen wollen.

Pro Portionen:
Für ca. 12–14 Stücke:

Schwierigkeit:
leicht

Zubereitungszeit:
25 Minuten
ohne Wartezeit

ZUBEREITUNG

1. Die Vollkorn-Butterkekse grob reiben oder fein hacken, mit der weichen Butter in eine Schüssel geben, verrühren und verkneten.

2. Einen Tortenring (26 cm Durchmesser) innen mit Sonnenblumenöl bestreichen und ihn auf eine mit Backpapier belegte Tortenplatte setzen. Die Keksmasse einfüllen, andrücken und fest werden lassen.

3. Für die Creme den Vitaminsaft mit dem Zucker erwärmen. Die gewässerte, ausgedrückte Gelatine darin auflösen, vom Herd nehmen und erkalten lassen.

4. Kurz vor dem Festwerden den Mascarpone unterrühren. Die Sahne steif schlagen und unterheben. Die Masse auf dem Bröselboden verteilen und glatt streichen. Die Torte im Kühlschrank – am besten über Nacht – vollständig durchkühlen lassen.

5. Die Pfirsiche und die Kaiserkirschen abgießen und gut abtropfen lassen. Dabei den Saft der Pfirsiche auffangen. Die Früchte auf der Creme verteilen.

6. Den Tortenguss mit dem Pfirsichsaft nach Packungsanweisung zubereiten, gleichmäßig über den Früchten verteilen, fest werden lassen und die Torte bis zum Verzehr im Kühlschrank aufbewahren.

Mascarponesahne mit Zitronengeschmack

ZUTATEN

2 Lagen Wiener Boden, hell (26 cm Ø, Fertigprodukt)

Außerdem:
Saft von 2 Zitronen
50 g Zucker
7 Blatt weiße Gelatine
500 g Mascarpone
500 ml Sahne
50 g Krokant
20 g Puderzucker zum Bestäuben

Pro Portionen:
Für ca. 12–14 Stücke:

Schwierigkeit:
leicht

Zubereitungszeit:
25 Minuten
ohne Wartezeit

ZUBEREITUNG

1. Einen Wiener Boden auf eine Tortenplatte legen und mit einem Tortenring umschließen.

2. Für die Creme den Zitronensaft mit dem Zucker erwärmen. Die gewässerte, ausgedrückte Gelatine darin auflösen, das Ganze vom Herd nehmen und erkalten lassen.

3. Kurz vor dem Festwerden den Mascarpone unterrühren, die Sahne steif schlagen und unterheben.

4. Die Creme auf dem Tortenboden glatt streichen und die Torte im Kühlschrank fest werden lassen.

5. Anschließend den Tortenring abnehmen und den Tortenrand mit Krokant bestreuen.

6. Den zweiten Wiener Boden in 14–16 Tortenstücke schneiden, diese mit der braunen Seite nach oben auf die Torte legen und mit Puderzucker bestäuben. Die Mascarponetorte bis zum Verzehr kühl aufbewahren.

Coffee-Torte

(ohne Abbildung)

ZUTATEN

Öl für die Form
200 g weiße Kuvertüre
50 ml Sahne
100 g Cornflakes

Außerdem:
1 Päckchen Vanillepuddingpulver
250 ml Milch
250 ml starker Kaffee
6 Blatt Gelatine
400 ml Sahne
200 ml Sahne
1 Päckchen Sahnesteif
Zucker nach Geschmack
Kakaopulver zum Bestäuben
Mokkabohnen zum Verzieren

ZUBEREITUNG

1. Einen Tortenring (26 cm Durchmesser) innen mit Öl bestreichen und auf eine Tortenplatte stellen. Geraspelte Kuvertüre mit der Sahne erhitzen und schmelzen.

2. Die Cornflakes zerdrücken und unter die Kuvertüre heben. Die Masse in den Ring drücken und fest werden lassen.

3. Aus Puddingpulver, Milch und Kaffee einen Pudding zubereiten und unter Rühren abkühlen lassen. Die gewässerte Gelatine im noch warmen Pudding auflösen und diesen erkalten lassen.

4. 400 ml Sahne steif schlagen und unterheben. Die Creme auf den Boden geben, glatt streichen und die Torte im Kühlschrank fest werden lassen.

5. 200 ml Sahne mit Sahnesteif steif schlagen, mit Zucker süßen und zwei Drittel der Sahne auf der Creme glatt streichen.

6. Die restliche Sahne in einen Spritzbeutel mit Lochtülle füllen und den Schriftzug „Coffee“ auf die Torte spritzen.

7. Den Tortenring entfernen, die Torte mit Kakaopulver bestäuben, mit Mokkabohnen verzieren und bis zum Verzehr kühl aufbewahren.

Pro Portionen:
Für ca. 12–14 Stücke:

Schwierigkeit:
leicht

Zubereitungszeit:
30 Minuten ohne Wartezeit

Minztorte mit Butterkeks-Boden

ZUTATEN

Für den Bröselboden:
200 g Butterkekse
125 g Butter
Öl zum Bestreichen
Backpapier

Für die Creme:
Saft von 2 Limetten
75 g Zucker
8 Blatt Gelatine
500 g Sahnepudding
500 ml Sahne
16 Täfelchen After Eight

Außerdem:
1 Limette
8 Täfelchen After Eight
Minzezweige zum Garnieren

Variation:
Statt des Sahnepuddings können Sie auch einen Schokoladen- oder Nugatpudding verwenden.

Pro Portionen:
Für ca. 12–14 Stücke:

Schwierigkeit:
leicht

Zubereitungszeit:
25 Minuten
ohne Wartezeit

ZUBEREITUNG

1. Die Butterkekse auf einer Arbeitsfläche fein zerbröseln. Die Keksbrösel in eine Schüssel geben, die sehr weiche Butter hinzufügen, das Ganze mit den Händen verkneten.

2. Einen Tortenring innen mit Öl bestreichen. Backpapier auf eine Tortenplatte legen, den Tortenring daraufstellen, die Bröselmasse einfüllen, gut andrücken und fest werden lassen.

3. Den Limettensaft mit dem Zucker in einen Topf geben und solange erhitzen, bis sich der Zucker vollständig aufgelöst hat.

4. Die gut gewässerte Gelatine ausdrücken und in dem Limettensaft vollständig auflösen lassen.

5. Vor dem Festwerden den Sahnepudding unterrühren und die steif geschlagene Sahne unterziehen.

6. Die After-Eight-Täfelchen auf eine Arbeitsfläche geben, hacken und ebenfalls unter die Masse rühren.

7. Die Puddingmasse auf den Bröselboden geben und glatt streichen. Die Torte in den Kühlschrank stellen und gut durchkühlen lassen.

8. Anschließend die Torte aus dem Kühlschrank nehmen und den Tortenring entfernen. Die Minztorte mit der in Scheiben geschnittenen Limette und den After-Eight-Täfelchen garnieren und bis zum Verzehr kühl stellen.

Beschwipster Erdbeerkuchen

ZUTATEN

1 Obstkuchenboden (Fertigprodukt)
8 cl Erdbeerlikör
250 g Erdbeerpudding
1 kg frische Erdbeeren
1 Päckchen Tortenguss rot
200 ml Sahne
1 Päckchen Sahnesteif
Zucker nach Geschmack
frische Erdbeeren zum Garnieren

Pro Portionen:
Für ca. 12–14 Stücke:

Schwierigkeit:
leicht

Zubereitungszeit:
20 Minuten
ohne Wartezeit

ZUBEREITUNG

1. Den Obstkuchenboden auf eine Tortenplatte setzen, mit dem Erdbeerlikör beträufeln und mit dem Erdbeerpudding bestreichen.

2. Die Erdbeeren verlesen, waschen, halbieren oder vierteln und den Obstboden damit belegen.

3. Den Tortenguss nach Packungsanweisung zubereiten und die Erdbeeren damit überziehen. Den Tortenguss im Kühlschrank fest werden lassen.

4. Die Sahne mit dem Sahnesteif steif schlagen, mit Zucker nach Geschmack süßen, in einen Spritzbeutel mit Sterntülle füllen und auf den Kuchen dressieren. Den Erdbeerkuchen mit frischen Erdbeeren garnieren und bis zum Verzehr kühl stellen.

Bahama-Torte

(ohne Abbildung)

ZUTATEN

1 Lage Wiener Boden, hell (26 cm Ø, Fertigprodukt)
250 g Himbeerpudding
4 Scheiben Ananas und 100 g Mandarinen aus der Dose
½ Drachenfrucht, ½ Karambole
1 Päckchen Tortenguss klar
50 g Kokosflocken zum Bestreuen

Pro Portionen:
Für ca. 12–14 Stücke:

Schwierigkeit:
leicht

Zubereitungszeit:
20 Minuten
ohne Wartezeit

ZUBEREITUNG

1. Den Biskuit mit Himbeerpudding bestreichen, auf eine Tortenplatte legen und mit einem Tortenring umschließen.

2. Die gut abgetropften Ananasscheiben und Mandarinen, die geschälte, in Scheiben geschnittene Drachenfrucht und die Karambolesterne auf den Tortenboden legen.

3. Den Tortenguss nach Packungsanweisung zubereiten und die Früchte damit überziehen. Den Guss trocknen lassen und den Tortenring entfernen.

4. Den Tortenrand mit Himbeermarmelade bestreichen, mit Kokosflocken bestreuen und die Bahama-Torte bis zum Verzehr kühl stellen.

Zitronen-Pfirsich-Torte

ZUTATEN

1 Lage Wiener Boden (26 cm Ø, Fertigprodukt)
100 g Zitronengelee

Für die Creme:
100 g Zitronengelee
1 EL Zucker
4 Blatt weiße Gelatine
500 g Sahnepudding
200 ml Sahne

Außerdem:
1 Dose Pfirsichhälften (480 g Abtropfgewicht) oder die entsprechende Menge an frischen Früchten
1 Päckchen Tortenguss klar
50 g Zitronengelee
75 g Mandelblättchen

Variation:

Statt der Pfirsiche können Sie auch Aprikosen, Ananas, Mandarinen oder Birnen verwenden.

ZUBEREITUNG

1. Den Biskuitboden auf eine Tortenplatte setzen. Das Zitronengelee leicht erwärmen und den Boden damit bestreichen. Anschließend den Boden mit einem Tortenring umschließen.

2. Für die Creme das Zitronengelee und den Zucker in einen Topf geben und erwärmen. Die gut gewässerte Gelatine ausdrücken und im Zitronengelee vollständig auflösen lassen.

3. Das Zitronengelee vom Herd nehmen und erkalten lassen. Kurz vor dem Festwerden den Sahnepudding unterrühren und die geschlagene Sahne unterheben.

4. Die Puddingcreme auf den Tortenboden geben, glatt streichen und im Kühlschrank durchkühlen lassen.

5. Die Pfirsiche gut abtropfen lassen – frische Früchte waschen und entkernen –, in Schnitze schneiden und auf der Torte gleichmäßig verteilen.

6. Den Tortenguss nach Packungsanweisung mit Pfirsichsaft zubereiten, auf die Pfirsiche geben, gleichmäßig darauf verteilen und den Guss im Kühlschrank vollständig fest werden lassen.

7. Vor dem Servieren die Torte aus dem Kühlschrank nehmen, den Tortenring entfernen und die Torte auf eine Tortenplatte setzen.

8. Das restliche Zitronengelee leicht erwärmen, den unteren Rand der Torte damit bestreichen und die Mandelblättchen an die Torte kleben. Die Torte bis zum Verzehr kühl stellen.

Pro Portionen:
Für ca. 12–14 Stücke:

Schwierigkeit:
leicht

Zubereitungszeit:
25 Minuten
ohne Wartezeit

Vanillezucker:

Vanillezucker ist Zucker mit einem Mindestanteil von 5 % echter Vanille. Er ist an den schwarzen Pünktchen zu erkennen. Bei Vanillinzucker handelt es sich um Zucker, der mit dem künstlich hergestellten Aromastoff Vanillin versetzt wurde.

Kirsch-Kaffee-Torte

ZUTATEN

2 Lagen Wiener Boden, hell (26 cm Ø, Fertigprodukt)
100 g Himbeermarmelade

Für die Creme:
150 ml starker Kaffee
1 TL Kakaopulver
75 g Zucker
8 Blatt weiße Gelatine
300 g Mokkapudding
600 ml süße Sahne
1 Glas Kirschen (350 g Abtropfgewicht) oder 500 g frische, entsteinte Kirschen

Außerdem:
200 ml süße Sahne
1 Päckchen Sahnesteif
Zucker nach Geschmack
geraspelte Vollmilchkuvertüre
Kirschen, Melisse und Mokkabohnen zum Garnieren

Variation:

Kakao dient als Geschmacks- und Farbstoff für Cremes, Glasuren und Teige. Je nach der benötigten Menge kann es sein, dass er den Teig sehr trocken und zäh macht. Dann ist es notwendig, noch einen Schuss Milch oder Sahne unterzurühren.

Pro Portionen:
Für ca. 12–14 Stücke:

Schwierigkeit:
leicht

Zubereitungszeit:
30 Minuten
ohne Wartezeit

ZUBEREITUNG

1. Die Wiener Böden mit Himbeermarmelade bestreichen. Aus einem Boden einen Ring ausstechen.

2. Den ganzen Boden auf eine Tortenplatte legen, mit einem Tortenring umschließen und das Innere des ausgestochenen Biskuitbodens darauflegen.

3. Den Kaffee mit dem gesiebten Kakaopulver und dem Zucker erwärmen. Die gut gewässerte, ausgedrückte Gelatine darin auflösen.

4. Den Mokkapudding in den noch leicht warmen Kakao rühren und die geschlagene Sahne unterheben. Die gut abgetropften Kirschen unterheben.

5. Die Hälfte der Creme auf dem Biskuit glatt streichen, den Biskuitring daraufsetzen, die restliche Creme einfüllen und die Torte im Kühlschrank fest werden lassen.

6. Die Sahne mit dem Sahnesteif steif schlagen, mit Zucker nach Geschmack süßen und etwas Sahne in einen Spritzbeutel mit Lochtülle füllen.

7. Den Tortenring entfernen, den Tortenrand mit Sahne bestreichen und mit geraspelter Kuvertüre bestreuen.

8. Sahnetupfen auf die Torte dressieren, mit Kirschen, Melisse und Mokkabohnen garnieren, mit geraspelter Kuvertüre bestreuen und die Torte bis zum Verzehr kühl stellen.

Erdbeer-Mandel-Torte

ZUTATEN

2 Lagen Wiener Boden, dunkel (26 cm Ø, Fertigprodukt)

Für die Creme:
50 ml Mandellikör
50 g Zucker
1 Päckchen Vanillezucker
8 Blatt weiße Gelatine
250 g Mascarpone
250 g Sahnepudding
600 ml Sahne
1 EL gemahlene Mandeln
250 g Erdbeeren

Außerdem:
200 ml Sahne
1 Päckchen Sahnesteif
Zucker nach Geschmack
20 g geröstete, gehackte Mandeln
20 g dunkle Kuvertürespäne
Erdbeeren und Giotto-Kugeln zum Verzieren

ZUBEREITUNG

1. Einen Biskuitboden auf eine Tortenplatte legen und mit einem Tortenring umschließen.

2. Für die Creme den Mandellikör mit dem Zucker und dem Vanillezucker erwärmen. Die gewässerte, ausgedrückte Gelatine darin auflösen, vom Herd nehmen und erkalten lassen.

3. Kurz vor dem Festwerden den Mascarpone und den Sahnepudding unterrühren, die Sahne steif schlagen und mit den Mandeln unterheben.

4. Die Erdbeeren verlesen, waschen, trocken tupfen, in Stücke schneiden und ebenfalls unterheben.

5. Die Hälfte der Creme auf den Tortenboden geben, glatt streichen, den zweiten Boden darauflegen und die restliche Creme darauf verstreichen.

6. Die Torte im Kühlschrank fest werden lassen. Anschließend aus dem Kühlschrank nehmen und den Tortenring entfernen.

7. Die Sahne mit dem Sahnesteif steif schlagen und mit Zucker süßen. Die Torte damit rundherum bestreichen, mit gerösteten, gehackten Mandeln bestreuen und mit Kuvertürespänen belegen.

8. Die Torte mit geviertelten Erdbeeren und Giotto-Kugeln verzieren und bis zum Verzehr kühl aufbewahren.

Variation:

Sehr gut schmecken auch Himbeeren oder Brombeeren, die Sie statt der Erdbeeren verwenden können.

Tipp:

Teigschaber und Gummispatel benötigen wir zum sauberen Ausschaben des Teiges aus der Schüssel und zum Glattstreichen in der Form oder auf dem Blech. Teigschaber gibt es aus Kunststoff oder Metall. Letztere besitzen eine Kunststoffleiste als Griff. Gummispatel sind an einer Seite abgerundet, sie passen sich dem Schüsselboden an und entfernen die Creme fast „spurlos“.

Pro Portionen:
Für ca. 12–14 Stücke:

Schwierigkeit:
leicht

Zubereitungszeit:
25 Minuten ohne Wartezeit

Pudding-Charlotte

ZUTATEN

300 g Löffelbiskuit
100 g flüssige Butter

Für den Pudding:
1 l Milch
3 Päckchen Vanillepudding-pulver
4 EL Zucker
50 g Mandelkrokant
1–2 EL Kakaopulver
50 ml Rum

Außerdem:
200 ml Sahne
1 Päckchen Sahnesteifl
1 TL Vanillearoma
Zucker nach Geschmack
Schokospäne, Schokoladen-ornamente und Cocktailkirschen zum Garnieren
Puderzucker zum Bestäuben

Variation:

Ganz besonders lecker wird unser Pudding-Charlotte, wenn Sie einen Fruchtpuddin verwenden und noch die entsprechenden, klein geschnittenen Früchte einarbeiten.

ZUBEREITUNG

1. 250 g Löffelbiskuit in einen reißfesten Plastikbeutel füllen und fein zerreiben.

2. Die Biskuitbrösel in eine Schüssel geben, die flüssige Butter mit dem Schneebesen untermischen.

3. Die Masse gleichmäßig in einer Springform (24 cm Durchmesser) verteilen. Leicht andrücken, die restlichen Löffelbiskuits am Rand in die Masse drücken und im Kühlschrank vollständig fest werden lassen.

4. Für den Pudding zwei Drittel der Milch in einem Topf zum Kochen bringen. Die restliche Milch mit dem Puddingpulver und dem Zucker in einer Schüssel verrühren.

5. Das Puddingpulver mit dem Schneebesen in die Milch einrühren und zu einem Pudding kochen. Vom Herd nehmen und in zwei Portionen teilen.

6. Den Mandelkrokant unter eine Hälfte des Puddings und das Kakaopulver mit dem Rum unter die zweite Hälfte rühren.

7. Den Schokoladenpudding auf dem Biskuitteig verteilen und leicht fest werden lassen. Mit dem Krokantpudding überziehen und im Kühlschrank vollständig erkalten lassen.

8. Die Sahne mit dem Sahnesteif steif schlagen, mit Vanillearoma und Zucker abrunden und als dritte Schicht auf die Charlotte geben.

9. Die Pudding-Charlotte mit Schokospänen, Schokoladenornamenten und Cocktailkirschen garnieren, mit Puderzucker bestäuben und servieren.

Pro Portionen:
Für ca. 12–14 Stücke:

Schwierigkeit:
leicht

Zubereitungszeit:
30 Minuten
ohne Wartezeit

Tipp:

Zum leichteren Einfüllen der Masse in den Spritzbeutel stecken Sie ihn in ein leeres, hohes Gefäß, schlagen den Rand um und füllen die Spritzmasse mit dem Gummischaber ein.

Schokoladen-Nugat-Torte

ZUTATEN

2 Lagen Wiener Boden, dunkel (26 cm Ø, Fertigprodukt)

Für die Nugatcreme:
1 Päckchen Schokoladenpuddingpulver
500 ml Milch
200 g Nuss-Nougat
250 g weiche Butter

Außerdem:
1 Packung Kakaoglasur
Giotto-Kugeln und Haselnusskrokant zum Garnieren

ZUBEREITUNG

1. Die Wiener Böden jeweils einmal waagerecht durchschneiden. Einen Biskuitboden auf eine Tortenplatte legen und mit einem Tortenring umschließen.

2. Den Pudding mit der Milch nach Packungsanweisung zubereiten, das Nuss-Nugat einrühren und unter ständigem Umrühren erkalten lassen.

3. Die Butter luftig aufschlagen, den Pudding esslöffelweise einrühren.

4. Die Tortenböden mit zwei Dritteln der Creme bestreichen und zusammensetzen. Den Tortenring entfernen und den Tortenrand mit Nugatcreme bestreichen.

5. Etwas Kakaoglasur schmelzen, in einen kleinen Spritzbeutel füllen und ein Muster auf die Torte spritzen.

6. Die restliche Creme in einen Spritzbeutel mit Lochtülle füllen und Tupfen auf die Torte spritzen. Die Torte im Kühlschrank fest werden lassen.

7. Die restliche Kakao-Glasur in Späne hobeln und den unteren Tortenrand damit bestreuen. Die Torte mit Giotto-Kugeln und Haselnusskrokant garnieren und bis zum Verzehr kühl aufbewahren.

Tipp:

Nugat ist eine Masse aus gemahlenen, gerösteten Mandeln oder Haselnüssen, Zucker, Schokolade und Gewürzen. Er wird zum Füllen von Torten und zur Herstellung von Konfekt verwendet.

Pro Portionen:
Für ca. 12–14 Stücke:

Schwierigkeit:
leicht

Zubereitungszeit:
20 Minuten
ohne Wartezeit

Backaromen:

Backaromen sind Auszüge aus verschiedenen Grundsubstanzen oder künstlich hergestellte Stoffe zum Aromatisieren von Teigen und Cremes. Sie sind in kleinen Glasfläschchen erhältlich und werden nur sehr sparsam dosiert. Mit Zitronen-, Bittermandel-, Rum-, Arrak-, Vanille- oder Butteraroma können immer wieder andere Geschmacksrichtungen erreicht werden. Geschmacklich intensiver sind allerdings natürliche Aromen wie Zitronenschale, Orangenschale oder Vanille.

Register

Aloe-Joghurt-Torte 52
Amaretto-Kirsch-Torte mit Mascarpone 148
Ananas-Charlotte 122
Ananas-Melonen-Kuchen 90
Apfel-Karamell-Torte 114
Aprikosen-Joghurt-Torte 32
Aprikosen-Müsli-Torte 64
Aprikosen-Vanille-Torte 80

Blaubeer-Quark-Torte 78
Brombeer-Kuppel-Torte 58
Brotkuchen, russischer 84
Butterkekstorte mit Eierlikör 48

Capritorte 80
Casablanca-Torte, lila 150
Coffee-Torte 158
Cornflakestorte mit Ananas 112
Crème-de-Cassis-Torte 22

Erdbeer-Johannisbeer-Torte 12
Erdbeer-Kiwi-Torte 138
Erdbeer-Mandel-Torte 168
Erdbeer-Marzipan-Kuchen 38
Erdbeer-Schmand-Torte 128
Erdbeer-Sekttorte 114
Erdbeershaketorte 98
Erdbeertorte, cremige 20
Erdbeertorte, marmorierte 76
Erdbeertorte, schnelle 90

Feigen-Hagebutten-Torte 104
Früchte-Müsli-Torte 70

Gartenbeeren-Torte 100
Grenadine-Herz 52

Himbeer-Frischkäse-Torte 116
Himbeer-Schmand-Torte 122
Himbeer-Venezia-Torte 142
Himbeerkuchen 28
Himbeertorte mit Löffelbiskuits 54
Himbeertorte, festliche 106

Irish-Coffee-Torte 118

Joghurttraumtorte mit Aprikosen 16

Käsesahne mit Aprikosen 74
Kirsch-Kaffee-Torte 166
Kirsch-Mandarinen-Torte 62
Kirsch-Sahne-Torte 102
Kirschtorte mit Knusperboden 92
Kiwitorte 56
Krümeltorte, schwarzwälder 86
Kühlschranktorte, leichte 24

Lycheetorte 132

Mango-Frischkäse-Torte 108
Mascarponesahne mit
Zitronengeschmack 158
Mascarponetorte mit edlem Tröpfchen 154
Melonentorte 88
Melonentorte, frische 40
Minztorte mit Zitronenkokos, feine 44
Multivitamintorte 46
Müslischnitten 144

Nektarinen-Dickmilch-Torte 130
Nektarinen-Gelee-Torte 30
Nusstorte mit Kirschen 36
Nusstraum-Torte 26

Register

Orangen-Frischkäse-Torte 106
Orangen-Sahne-Torte 108
Orangen-Schmand-Torte 134
Orangentörtchen 84
Orangentorte 66

Papayatorte mit Kokosraspeln 30
Pfirsichtorte mit Schokoplätzchen 76
Pflaumen-Rotwein-Torte 38
Pflaumen-Sahne-Torte 102
Pina-Colada-Torte 100
Pistazien-Marzipan-Torte 18
Preiselbeertorte mit Schokoreisboden 82
Pudding-Charlotte 170
Pumpernickel-Kirschtorte 96

Rooibostorte mit Kandis 72
Rote-Grütze-Torte 124

Sahne-Brösel-Torte mit Kirschen und Pfirsichen 156
Sahnetorte Tuttifrutti 104
Sanddorn-Krümel-Torte 28
Schoko-Birnen-Torte 116
Schoko-Philadelphia-Torte 110
Schokoladen-Nugat-Torte 172
Schokoladentorte mit Birnen 136
Schokosplit-Kuchen mit Erdbeeren 24
Schokotorte, russische 20
Schümli-Torte, schweizer 98
Spekulatiustorte mit Himbeeren 14
Stollentorte mit Kirschen 120
Stracciatella-Erdbeer-Kuchen 140
Stracciatella-Kirsch-Torte 64

Torte mit Johannisbeeren, neapolitaner 68

Vollkorntorte mit roten Trauben 94

Waldbeerenstern 34
Wassermelonenschnitten 152
Weinbrandtorte mit Schokolade 146
Weincremetorte 50

Zimtherz mit Orangen 42
Zimttorte mit Anis 60
Zitronen-Molke-Torte 72
Zitronentorte mit Trauben 126

Impressum

Die Ratschläge in diesem Buch wurden vom Verfasser und vom Verlag sorgfältig erwogen und geprüft, dennoch kann eine Garantie nicht übernommen werden. Für falsche, fehlende oder unrichtig widergegebene Daten sowie jedwedem falschen Gebrauch wird die Haftung ausgeschlossen.

garant Verlag GmbH
Benzstraße 56
71272 Renningen
www.garant-verlag.de

ISBN 978–3–7359–0268–9